JN071300

〜相続発生後の3つの対応策〜

単純承認・相続放棄・限定承認の選択のポイントと活用法

山本 和義 著

一般財団法人 大蔵財務協会

はじめに

　相続は、死亡によって開始する（民法882）とされていて、被相続人の死亡という事実があれば当然に開始し、被相続人の死亡を相続人が知っていたかどうかを問わず、被相続人の権利義務のうち一身専属性のあるものを除くすべてが相続人に承継されます。

　この死亡には、自然の死亡だけでなく、災害や事故などにより亡くなったのは確実だが遺体が確認できない場合の「認定死亡」（戸籍法89）や、「失踪宣告」（民法30、31）の制度による擬制死亡も含まれます。

　包括受遺者は、相続人と同一の権利義務を有する（民法990）ことから、相続が開始した場合、相続人及び包括受遺者は、次の三つのうちのいずれかを選択できます。

① 　相続人が被相続人の権利や借金等の義務をすべて受け継ぐ単純承認

② 　相続人が被相続人の権利や義務を一切受け継がない相続放棄

③ 　被相続人の債務がどの程度あるか不明であり、財産が残る可能性もある場合等に、相続人が相続によって得た財産の限度で被相続人の債務の負担を受け継ぐ限定承認

　相続人が、相続放棄又は限定承認をするには、家庭裁判所に、自己のために相続の開始があったことを知った時から３か月以内（熟慮期間内）にその旨を申述し、これが受理されなければなりません。

　そのため、限定承認又は相続放棄の申述をせずに熟慮期間を経過すると、原則として単純承認をしたものとみなされます（民法921二）。

　相続の放棄や限定承認があった場合、相続税や譲渡所得税などについて、課税上の取扱いに留意しなければならない点が多々あります。そこで、本書では、第一章「相続開始後の３つの対応策」について、第二章

「熟慮期間と起算点」について、第三章「単純承認」について、第四章「相続の放棄」について、第五章「限定承認」について解説しています。

　相続開始後に相続人及び包括受遺者は以上の３つの選択肢のうちいずれを選択することが望ましいか、民法の規定、裁判例や相続税法上の取扱いなどについて、コラムや設例などを用いて分かり易く解説することとしました。

　なお、文中意見にわたる部分は私見であり、設例の数値は原則「万円」単位で表示し、端数処理については四捨五入し実際の数値と差異が生じることもありますので、その旨ご留意ください。

令和５年９月

税理士法人　ファミリィ

代表社員・税理士　山本　和義

凡　例

不登………不動産登記法

国通………国税通則法

相法………相続税法

所法………所得税法

措法………租税特別措置法

相令………相続税法施行令

措令………租税特別措置法施行令

相基通……相続税法基本通達

国基通……国税通則法基本通達

措通達……租税特別措置法通達

本書は令和5年9月1日現在の法令・通達によっています。

目　次

第一章　相続開始後の３つの対応策

第二章　熟慮期間と起算点

第三章　単純承認

第四章　相続の放棄

第五章　限定承認

I．民法の規定

Ⅱ. 限定承認を選択した場合の課税上の取扱い

第一章

相続開始後の
３つの対応策

　相続が発生した場合、相続人は「単純承認」、「相続の放棄」、又は「限定承認」のいずれかを選択することとなります。

　「単純承認」、「相続の放棄」、及び「限定承認」の内容は、それぞれ以下のとおりとなっており、「相続の放棄」と「限定承認」については、一定の期間内に家庭裁判所にその旨を申述しなければなりません。

1．単純承認

　相続人は、単純承認をしたときは、無限に被相続人の権利義務を承継する（民法920）と定められています。この場合に、被相続人の借入金だけでなく、連帯保証債務なども無限に承継することになります。その結果、相続した財産以上の債務を負うことになる可能性もあります。

　単純承認を選択する場合には、特別の手続は必要がありません。自己のために相続の開始があったことを知った時から3か月が経過すると単純承認したものとみなされます（民法921二）。

2．相続の放棄

　相続の放棄というのは、相続人が自己のために不確定的に生じた相続の効力を、確定的に拒絶する意思表示で、民法上「相続の放棄をした者は、その相続に関しては、初めから相続人とならなかったものとみなす」（民法939）と規定されており、被相続人の権利・義務を一切受け継がないこととなります。

　相続の放棄を行うには、相続の開始を知った時から3か月以内に家庭裁判所に申し出ることが必要（民法915①）で、財産よりも債務が多い場合などに選択されることが多いようです。

　この相続放棄は、申述の受理という審判によって成立し、相続を放棄

した者は初めから相続人とならなかったものとみなされるので、例えば、放棄者に直系卑属（子または孫）があっても代襲相続の原因にならず、これらの直系卑属は放棄者に代わって相続することはできません。

　未成年の子の放棄については、原則として、親権者（父母など）と利益が相反するので家庭裁判所によって選任された特別代理人が、未成年の子の法定代理人として放棄の申述をしなければならないことになります。

　ただし、例えば父が死亡し、母と未成年の子が共に相続放棄するときは、利益が相反しないので、母が未成年の子の法定代理人として放棄の申述をすることが実務上認められています。

3．限定承認

　限定承認を行うには、相続の開始を知った時から３か月以内に家庭裁判所に、相続人全員（相続を放棄した者を除く。）が財産目録等の必要書類を作成し、共同して申し出ることが必要（民法923、924）となるため、反対する者がいる場合や、一部の相続人が単純承認したときは、他の相続人は限定承認が選択できないこととなります。これは共同相続人の一部の者だけの限定承認では、相続財産の清算が煩雑になるためだとされています。

　以上のことから、常に、相続人の全員が限定承認を選択する必要があるわけではありません。相続放棄をした者は、初めから相続人とはならなかったものとみなされます（民法939）ので、残りの相続人が共同して限定承認の手続を選択することができます。

　例えば、相続財産と債務が拮抗している相続については、相続人の一人を残し、他の者は相続放棄をし、残った相続人が限定承認をするという処理の選択も考えられます。この場合、注意すべき点は、相続を放棄

する者の選択です。配偶者と子が法定相続人の場合、子の全員が相続を放棄してしまうと、第二順位の相続人である父母、あるいは第三順位の相続人である兄弟姉妹が登場してしまい、それらと共同しての限定承認が必要となってしまうからです。

　なお、共同相続人の一部の者が行方不明の場合は、利害関係者である共同相続人から、家庭裁判所への請求によって不在者財産管理人の選任（民法953）を得て、その後、家庭裁判所に権限外行為許可の申立てにより許可（民法28）を受けて、相続人と不在者財産管理人が共同で限定承認の申述申立てをするという手順になります。

● 　相続開始後の3つの選択肢一覧表

	単純承認	相続放棄	限定承認
選択するための手続	不要	相続の開始があったことを知った時から3か月以内に家庭裁判所に申述	
申述の申立て	不要	相続人各人で行うことができる	相続人全員（相続の放棄をした者を除く）で行う
熟慮期間	相続の開始があったことを知った時から3か月経過すると単純承認したものとみなされる	原則：相続開始があったことを知った時から3か月以内 伸長：申立てにより延長可	
熟慮期間の起算点	相続の開始があったことを知った時	原則：相続開始があったことを知った時 例外：被相続人に相続財産が全く存在しないと信じたためなど、相当な理由があると認められるときには、相続財産の全部又は一部の存在を認識した時など	
相続財産の処分	相続開始後いつでも可能	申述が受理される前に行うと取消しの対象となり、単純承認したものとみなされる	

相続財産の隠匿等	相続人間での争いになる可能性がある	申述受理後でも取消しの対象となり、単純承認したものとみなされる	
相続人の地位	相続人（変わらず）	初めから相続人とならなかったものとみなす	相続人（変わらず）
財産及び債務の承継	被相続人の財産や債務及び保証債務などすべて（被相続人の一身に専属したものを除く）承継する	一切の財産（みなし相続財産を除く）及び債務は承継しない	相続した財産の範囲内で債務の弁済を行い、資産が残ればその遺産は相続できる
相続財産のうちの譲渡所得の基因となる資産（土地）	譲渡所得税は課されない。相続人等がその土地等の取得日及び取得費を引き継ぐ	財産を承継しないので課税関係は生じない	譲渡があったものとして譲渡所得税が課され、取得日及び取得費は更新される
被相続人の準確定申告	その年の１月１日から死亡の日までの所得について相続人が行う	相続人ではないので申告には関わらない	譲渡所得の基因となる資産についての譲渡所得も含めて相続人が行う
相続税の課税関係	債務等を控除した後の課税価格（生前贈与加算も含む）が基礎控除額を超える場合には、相続税の申告・納付が必要	生命保険金を受け取った者は、非課税規定の適用を受けることができないなど課税上の取扱いに留意しておかなければならない	相続財産のうち債務（譲渡所得税を含む）が上回る場合には、みなし相続財産（生前贈与加算も含む）が相続税の課税対象となる
不動産取得税	形式的な所有権の移転に該当し、課されない（地税73の７）	財産を取得しないため課されない	先買権行使により法定相続分を超える持分を取得した場合には、その持分について課される

コラム　被相続人の債務や連帯保証人などの調査方法

　借入金や保証債務の調査方法としては、自宅に残された借用書などの資料を参考に取引のあった金融機関等に照会を出すことから始めます。

　連帯保証債務は連帯保証契約によって発生するので、該当する契約書類がないかを確認します。特に被相続人が事業の経営者の場合には、事業関連の債務を連帯保証しているケースが多いので注意が必要です。

　また、一般社団法人全国銀行協会が設置・運営している「全国銀行個人信用情報センター」は、ローン、クレジットカード、保証の取引及びこれらの連帯保証人に関する情報が登録されていますので、照会することができます。

　さらに、日本信用情報機構及びシー・アイ・シーには、貸金業や割賦販売等に関する個人情報が登録されていますので、照会することができます。

機関の名称	機関の概要
㈱日本信用情報機構（JICC）	主に貸金業、クレジット事業、リース事業、保証事業、金融機関事業等の与信事業を営む企業を会員とする個人信用情報機関
㈱シー・アイ・シー（CIC）	主に割賦販売等のクレジット事業を営む企業を会員とする個人信用情報機関

　その場合、注意すべき点は、以上の調査機関で調べることができるのは、被相続人の連帯保証債務について、主債務者（借金をした人）が銀行や貸金業登録をしている貸金業者から借り入れしたものだけで、個人的な借り入れは登録されていませんので、調べることはできません。

〈相続の対象となる連帯保証債務〉
①　特定保証（主たる債務が特定されている保証）の連帯保証債務
②　極度額の定めがある根保証（主たる債務が特定されていない保証）の連帯保証債務
③　極度額の定めがない根保証の連帯保証債務のうち、相続発生時点ですでに発生しているもの
〈相続の対象とならない連帯保証債務〉
①　極度額の定めがない根保証の連帯保証債務のうち、相続発生時点で

　未発生のもの

②　身元保証の保証債務

　なお、平成29年に民法（債権関係）改正が行われ、連帯保証人や保証人の保護について大幅に強化されました。この改正は、令和２年４月１日から施行されています。保証人等に関する民法改正の概要は以下のとおりです。

①　事業用資金の保証をする場合は公正証書による意思表示が必要

　　個人（経営者やその配偶者、役員を除く。）が事業のための借金を保証する場合には、保証をする意思がある旨を記載した公正証書を、契約締結日前１か月以内に作成しなければならないこととしました（民法465の６①、465の９）。

②　根保証における極度額の記載ルール

　　個人が根保証をするときには、責任を負う債務の上限額（極度額）を書面などで明確にしなければその効力を生じないとしました（民法465の２）。

③　契約締結時の情報の提供義務

　　主債務者の情報提供義務を定め、保証契約を結ぶ際には主債務者が保証人となる人に対して、財産状況や債務の総額など必要な情報を提供しなければならない（民法465の10①）とし、情報を提供せず又は事実と異なる情報を提供したときは、保証人は、保証契約を取り消すことができる（民法465の10②）としました。

④　債権者の保証人への情報提供義務

　　債権者の保証人に対する情報提供義務も定められ、保証人から請求を受けた場合、債権者には借金の残額や延滞の有無などについて保証人に知らせる義務があります（民法458の２）。情報提供義務違反があった場合、保証人は債権者に対して、生じた損害の賠償を請求することができます（民法415）。

　　また、主債務者が期限の利益を失った場合には、債権者は、保証人に対し、その利益の喪失を知った時から２か月以内に、その旨を通知しなければならないとされています（民法458の３）。

第二章

熟慮期間と起算点

　相続放棄又は限定承認を選択する場合には、自己のために相続の開始があったことを知った時から3か月以内にその旨を申述しなければなりません。その場合、起算点がいつになるのかの判定が重要となります。

　そこで、この章では、熟慮期間について、起算点や熟慮期間の伸長などを中心に解説することとします。

1. 熟慮期間

　相続の承認又は放棄の制度は、相続人に対し、被相続人の権利義務の承継を強制するのではなく、被相続人から相続財産を承継するか否かについて選択する機会を与えるものです。

　熟慮期間は、相続人が相続について承認又は放棄のいずれかを選択するに当たり、被相続人から相続すべき相続財産につき、積極及び消極の財産の有無、その状況等を調査し、熟慮するための期間と考えられます。

　相続人が、相続放棄又は限定承認をするには、家庭裁判所に、自己のために相続の開始があったことを知った時から3か月以内にその旨の申述をしなければならないとされています（民法915①）。

　例えば、相続人が「配偶者」と第一順位である「子」の場合、それらの者は必ず相続人になるため、「被相続人の死亡を知った日」が起算点になります。

　しかし、第二順位の直系尊属や第三順位の兄弟姉妹の場合には、先順位者の相続人が不在の場合や相続放棄、相続欠格又は相続廃除などがあり代襲相続人がいないときに、初めて相続権を得ることになるので、直系尊属や兄弟姉妹は「先順位者に相続権が無くなり自分に相続権があることを知った日」がすなわち「自分が相続人としての地位を持つことを知った日」とされ、起算点になります。

　また、限定承認の申述が却下された場合には、その直後から3か月以

内に相続放棄を申述することができます（大阪高裁：昭和63年7月29日判決）。

　この熟慮期間は、相続財産の調査期間確保という相続人の利益と、相続関係の早期安定という相続債権者や後順位相続人の利益を考慮した結果として、3か月の期間が定められています。熟慮期間は、時効期間でなく、除斥期間（期間の経過で、当然にその効果が生じる）とされています。

●　消滅時効と除斥期間

	消滅時効（民法166、724ほか）	除斥期間（民法566、884ほか）
制度の概要	一定期間権利が行使されない場合に、法律で定められた時効期間が経過した後、当事者等が消滅時効を援用することにより、確定的に権利が消滅する制度	一定期間の経過によって、権利が当然に消滅する制度
対象財産	「債権」、「不法行為による損害賠償請求権」、「所有権以外の財産権」など	「遺留分侵害額請求権」、「相続回復の請求権」など
消滅期間	一般の債権：原則として10年 不法行為債権や所有権以外の財産権：原則20年	遺留分侵害額請求権：原則1年 相続回復の請求権：原則20年
援用の必要性	要	不要
遡及効	遡及する	遡及しない（期間完成時に消滅する）
起算点	権利を行使することができる時	権利の発生時
完成猶予、更新（時効の中断）の有無	あり	なし

税務上の取扱い	国税の徴収権：5年（国通72）、援用を要せず ただし、滞納の督促などによる時効の中断がある	賦課権：通常5年（国通70ほか）

2．起算点

　自己のために相続の開始があったことを知った時から3か月以内という熟慮期間の起算点については、民法の一般原則に従って期間の初日は算入されません（民法140）。多くの事例では、被相続人の死亡を知った日は死亡の日と思われ、死亡の日の翌日が熟慮期間の起算点となります。

　なお、令和3年4月に改正された不動産登記法では、相続又は遺贈により所有権を取得した相続人に対して登記申請義務を課すこととされました（不登76の2）。また、遺産分割が調わない場合でも、新たに創設された「相続人申告登記」をすれば、申請義務を履行したものとして取扱われます（不登76の3）。このことは、法定単純承認には該当しませんが、熟慮期間の起算点の裏付けと評価され、登記から3か月経過した後に行った相続放棄や限定承認の申述が無効と解される可能性が考えられます。

(1)　熟慮期間の起算点の例外

　熟慮期間の起算点について、以下のような判決等があります。

①　最高裁判決（昭和59年4月27日）

　「熟慮期間は、原則として、相続開始の原因たる事実及びこれにより自己が相続人となった事実を知った時から起算すべきものであるが、相続人が、それらの事実を知った場合であっても、それらの事実を知った時から3か月以内に限定承認又は相続放棄をしなかっ

たのが、<u>被相続人に相続財産が全く存在しないと信じた</u>ためであり、かつ、被相続人の生活歴、被相続人と相続人との間の交際状態その他諸般の状況からみて当該相続人に対し相続財産の有無の調査を期待することが著しく困難な事情があって、相続人においてこのように信ずるについて<u>相当な理由がある</u>と認められるときには、……熟慮期間は相続人が相続財産の全部又は一部の存在を認識した時又は通常これを認識しうべき時から起算すべきものと解するのが相当である。」としました。

　例えば、被相続人（兄）が死亡し、1年経過した後に、債権者から先順位者（兄の妻と子）が相続を放棄していて、父母も既に亡くなっていたため、兄弟姉妹が相続人となっていたことを知らされずにいた場合には、債権者からの通知を受けた日が、兄弟姉妹が相続人になることを知った日になると解され、その日から3か月以内に相続の放棄の申述をすれば受理されることとなります。

② 最高裁判決（平成2年3月20日）

　「民法915条1項所定のいわゆる熟慮期間は、被相続人の債務をその意思に反して承継することによる不利益から相続人を保護するため、相続人において、相続財産の有無、その状況等を調査し、単純承認若しくは限定承認又は放棄のいずれかを選択すべき前提条件を整えるためのものであって、原則として、相続人において、相続開始の原因となる事実及びこれによって自己が法律上相続人となった事実を知った時から起算すべきであるが、右各事実を知った時から3か月以内に限定承認又は相続放棄をしなかったのが、被相続人に相続財産が全く存在しないと信じたためであり、かつ、被相続人の生活歴、被相続人と相続人との間の交際状態その他諸般の状況からみて当該相続人に対し相続財産の有無の調査を期待することが著し

く困難な事情があって、相続人においてそのように信ずるについて相当な理由があると認められるときには、熟慮期間は、<u>相続人が相続財産の全部又は一部の存在を認識した時又は通常これを認識しうべき時から起算すべき</u>ものと解するのが相当である。」と判示しています。

③ 東京高裁決定（昭和57年9月27日）

相続人が民法915条1項に定める期間内に<u>相続財産の存否の調査を尽くしたにもかかわらずその存在を知ることができず</u>、そのため<u>相続財産が全く存在しないと信じ</u>、<u>かつ、そう信ずるについて過失がなく</u>、またそのような事情にあるため右の3か月の期間についてその伸長の申立てをする理由を見出すことができずその機会を失したこと等の特段の事情が存在するときは、右期間経過後といえども相続財産の存在を知った後遅滞なく相続放棄の申述をすることが許される。

④ 仙台高裁決定（平成7年4月26日）

被相続人の死亡後1年9か月余りを経過した後に抗告人らの本件相続放棄の申述がなされたが、この申述を却下した審判に対し、相続人が即時抗告した事案において、抗告人らは、信用金庫を原告とする<u>訴状の送達により</u>、相続人として、相続の対象となる<u>被相続人の債務の存在を初めて認識</u>するに至ったものであるから、同訴状の送達の時をもって「自己のために相続があったことを知った時」と解するのが相当であり、抗告人らの相続を放棄するか否かの熟慮期間は、同訴状の送達を受けた日から進行するものというべきであって、抗告人らの本件相続放棄の申述は、未だ熟慮期間内の申立てであるから、これを受理するのが相当である。

⑤　大阪高裁決定（平成10年2月9日）

　　民法915条1項所定の熟慮期間については、相続人が相続の開始の原因たる事実及びこれにより自己が法律上の相続人となった事実を知った場合であっても、3か月以内に相続放棄をしなかったことが、相続人において、相続債務が存在しないか、あるいは相続放棄の手続をとる必要をみない程度の少額にすぎないものと誤信したためであり、かつそのように信ずるにつき相当な理由があるときは、相続債務のほぼ全容を認識したとき、または通常これを認識しうべきときから起算するべきものと解するのが相当である。

⑥　名古屋高裁決定（平成11年3月31日）

　　申述人（抗告人）の父が死亡し、その相続人である申述人は、その当日右死亡の事実を知り、また当時遺産として不動産が存在することも知っていたが、自己が取得すべき相続財産はないものと考え、相続に関してはすべて共同相続人にまかせていたところ、その後5年以上経過した頃になって債権者株式会社甲から、催告を受けたことから、申述人が、初めて被相続人が多額の連帯保証をしていることを知ったと申述したところ、本件申述は熟慮期間経過後の申立であるから不適法であるとして却下の審判をされたため、申述人が即時抗告した事案において、相続人が被相続人の死亡時に、被相続人名義の遺産の存在を認識していたとしても、自己が相続取得すべき遺産がないと信じ、かつそのように信じたとしても無理からぬ事情がある場合には、被相続人の積極財産及び消極財産について自己のために相続の開始があったことを知らなかったものと解するのが相当であるとして、原判決を取消した。

⑦ 東京高裁決定（平成12年12月7日）

　平成7年10月26日に死亡した被相続人の相続人である抗告人は、被相続人の遺言に基づき、相続財産の全てを相続人Aが相続するとして平成7年12月4日付けで遺産分割協議書も作成していたが、Aの継いだ会社がAの体調不良等も重なって倒産し、Aが自己破産の申立てをしたことから、平成12年6月17日に至って初めて本件債務の存在が抗告人に明らかとなったとして、平成12年8月30日に抗告人は相続放棄の申述を行ったが熟慮期間を徒過しているとして却下されたことから、抗告した事案において、抗告人は被相続人の遺言により自らは被相続人の積極及び消極の財産を全く承継することがないと信じたこと、本件遺言執行には銀行が執行者となっており、銀行の報告内容等からも、抗告人が上記のように信じたことにつき相当の理由があったとして、原審判を取り消した。

⑧ 名古屋高裁決定（平成19年6月25日）

　抗告人において、被相続人に積極財産があると認識していたものの、被相続人が一切の財産を他の相続人に相続させる旨の公正証書遺言を遺していること等の事情からすれば、抗告人が被相続人の死亡時において、自らが相続すべき財産はないと信じたことについて相当の理由があったものと認めることができ、また、相続債務についても、その存在を知らず、債務の存在を知り得るような日常生活にはなかったと推認されることなどから、別件訴訟の訴状を受け取るまで、抗告人が相続債務について存在を認識しなかったことについても相当な理由があるから、民法915条1項本文所定の期間は、別件訴訟の訴状を受け取って相続人が相続債務の存在を認識した時から起算するのが相当である。

⑨　東京高裁決定（平成19年8月10日）

　相続人において被相続人に積極財産があると認識していてもその<u>財産的価値がほとんどなく、一方消極財産について全く存在しないと信じ</u>、かつそのように<u>信ずるにつき相当な理由がある</u>場合には、民法915条1項本文所定の期間は、相続人が消極財産の全部又は一部の存在を認識した時又はこれを認識し得べかりし時から起算するのが相当である。

⑩　仙台高裁決定（平成19年12月18日）

　未成年者である相続人の法定代理人（親権者母）が、被相続人である離婚した元夫の住宅ローン債務に係る同人の保証委託契約上の債務を連帯保証していた事案について、ローンに係る住宅は被相続人の両親も生活し、住宅ローン債務は離婚時の協議により被相続人又は被相続人の兄弟において処理することになっていたこと、被相続人死亡後の残債務は被相続人が加入していた団体生命保険によって完済されていると考えていたことなどの事情の下においては、<u>債務者から主債務者の相続人に向けた照会文書を同法定代理人が受領するまで</u>、同人が<u>被相続人の債務があることなどについて十分な調査をしなかったことにはやむを得ない事情があった</u>というべきであり、相続財産がないと考えていたことについて相当な理由があったものというべきであるから、上記照会文書の受領時から民法915条1項本文の熟慮期間が進行する。

⑪　高松高裁決定（平成20年3月5日）

　相続債務について調査を尽くしたにもかかわらず、<u>債権者からの誤った回答により、債務が存在しないものと信じて限定承認又は放棄をすることなく熟慮期間が経過する</u>などした場合には、相続人に

おいて、遺産の構成につき錯誤に陥っているから、その錯誤が遺産内容の重要な部分に関するものであるときは、錯誤に陥っていることを認識した後改めて民法915条1項所定の期間内に、錯誤を理由として単純承認の効果を否定して限定承認又は放棄の申述受理の申立てをすることができる。

⑫　福岡高裁決定（平成27年2月16日）

　被相続人が死亡した当日に死亡の事実を知ったが、上記事実を知った時から3か月以内に限定承認又は相続放棄をしなかったのは、被相続人に係る相続財産は全て被相続人の妻が相続するから、申述人らが相続すべき相続財産が全く存在せず、かつ、被相続人に係る相続債務は存在しないものと信じたためであり、上記事情からすれば、申述人らがそのように信じたことについて相当な理由があると認められ、被相続人に係る相続について、申述人らの熟慮期間の起算日は相続債務が存在することを知った日の翌日とすべきである。

　一方、東京高裁決定（平成14年1月16日）では、「抗告人らは、被相続人が死亡した直後である平成10年1月9日ころ、被相続人が所有していた不動産の存在を認識した上で他の相続人全員と協議し、これを長男である抗告人●●●●に単独取得させる旨を合意し、同抗告人を除く他の抗告人らは、各相続分不存在証明書に署名押印しているのであるから、抗告人らは、遅くとも同日ころまでには、被相続人に相続すべき遺産があることを具体的に認識していたものであり、抗告人らが被相続人に相続すべき財産がないと信じたと認められないことは明らかである。

　抗告人らは、要するに、相続人が負債を含めた相続財産の全容を明確に認識できる状態になって初めて、相続の開始を知ったといえ

る旨を主張するものと解されるが、独自の見解であり、採用することはできない。」と判示しました。

　許可抗告審（最高裁：平成14年4月26日）では、申立てを棄却しました。

(2)　未成年者・成年被後見人が相続人である場合の熟慮期間の起算点

　相続人が未成年者又は成年被後見人であるときは、その法定代理人が未成年者又は成年被後見人のために相続の開始があったことを知った時から熟慮期間は起算されます（民法917）。

　したがって、相続人が未成年者又は成年被後見人である場合には、その法定代理人である親権者又は成年後見人が相続開始を知るまでは熟慮期間が進行しないので、親権者又は成年後見人が相続開始を知った時から3か月が経過するまでは、単純承認をしたものとみなされることはありません。

(3)　再転相続の熟慮期間の起算点

　再転相続とは、当初の相続における相続人が、熟慮期間中に相続放棄や承認をする前に死亡し、次の相続人が相続したケースをいいます。

　再転相続の熟慮期間の起算点について、最高裁は令和元年8月9日、以下のように判示しました。

①　事実関係等の概要

　被相続人甲は平成24年6月30日死亡し、甲の妻及び子は平成24年9月に相続放棄を行った。その結果、兄弟姉妹が相続人となり、そのうち、乙を除く他の兄弟姉妹は相続の放棄を行った。しかし、乙は平成24年10月19日死亡し、甲の相続人となったことを知らなかっ

た。乙の相続人は丙で、平成27年11月に債権者からの強制執行の通知を受け、平成28年2月5日に相続放棄の申述をし、受理された。

　本件では、甲からの相続に係る丙の熟慮期間がいつから起算されるかが争われている。

②　判示内容の概要

　「民法916条の趣旨は、乙が甲からの相続について承認又は放棄をしないで死亡したときには、乙から甲の相続人としての地位を承継した丙において、甲からの相続について承認又は放棄のいずれかを選択することになるという点に鑑みて、丙の認識に基づき、甲からの相続に係る丙の熟慮期間の起算点を定めることによって、丙に対し、甲からの相続について承認又は放棄のいずれかを選択する機会を保障することにあるというべきである。

　再転相続人である丙は、自己のために乙からの相続が開始したことを知ったからといって、当然に乙が甲の相続人であったことを知り得るわけではない。また、丙は、乙からの相続により、甲からの相続について承認又は放棄を選択し得る乙の地位を承継してはいるものの、丙自身において、乙が甲の相続人であったことを知らなければ、甲からの相続について承認又は放棄のいずれかを選択することはできない。

　丙が、乙から甲の相続人としての地位を承継したことを知らないにもかかわらず、丙のために乙からの相続が開始したことを知ったことをもって、甲からの相続に係る熟慮期間が起算されるとすることは、丙に対し、甲からの相続について承認又は放棄のいずれかを選択する機会を保障する民法916条の趣旨に反する。

　以上によれば、民法916条にいう「その者の相続人が自己のために相続の開始があったことを知った時」とは、<u>相続の承認又は放棄</u>

　　をしないで死亡した者の相続人が、当該死亡した者からの相続により、当該死亡した者が承認又は放棄をしなかった相続における相続人としての地位を、自己が承継した事実を知った時をいうものと解すべきである。」

　　なお、丙が乙の相続につき放棄をしていないときは、甲の相続につき放棄をすることができ、かつ、甲の相続につき放棄をしても、それによっては乙の相続につき承認又は放棄をするのになんら障害にならず、また、その後に丙が乙の相続につき放棄をしても、丙が先に再転相続人たる地位に基づいて甲の相続につきした放棄の効力がさかのぼって無効になることはないものと解するのが相当である（昭和63年6月21日：最高裁判決）としています。

(4)　相続人が複数いる場合の熟慮期間の起算点

①　相続放棄

　　共同相続人の一部の者に相続開始の事実を知るのが遅れて熟慮期間が経過しない者がある場合に、相続放棄の申述の起算点は、相続人ごとに各別に熟慮期間が進行すると解されています（最高裁：昭和51年7月1日判決）。

②　限定承認

　　限定承認の申述は、民法923条により相続人全員が共同してのみなし得るとされているため、最後に相続人たることを覚知した共同相続人が熟慮期間を徒過するまでは全員で限定承認ができると解されています（東京地裁：昭和30年5月6日判決）。

　　なお、相続人の一部に限定承認の申述受理前に法定単純承認（民法921一）をした者がいる場合、限定承認の申述を却下した審判が

ありますので、限定承認の前に法定単純承認に該当する行為を行わないようにしなければなりません（富山家裁：昭和53年10月23日審判）。

　民法937条は、共同相続人全員による限定承認の申述が受理されその効果が発生した後、相続人の一部につき限定承認の申述受理前に法定単純承認に該当する事由が存したことが判明した場合に限って適用されるべきものであり、申述受理前にかかる事由のあることが判明した場合にまで、限定承認の申述を受理してよいと解する根拠となるものではないとしています（富山家裁：昭和53年10月23日審判）。

　このように限定承認の申述が却下されると他の相続人は、単純承認するか、相続放棄をするかを、選択するしかないことになります。

3．熟慮期間の伸長

　相続の承認又は放棄の期間（熟慮期間）の伸長とは、相続の単純承認及び限定承認並びに相続の放棄の期間の延伸をいいます。

　熟慮期間内に相続人が相続財産の状況を調査しても、なお、単純承認、限定承認又は相続放棄のいずれをするかを決定できない場合には、家庭裁判所は、申立てにより、この3か月の熟慮期間を伸長することができます（民法915①）。

　限定承認の申立ては相続人全員が共同で行うのですが、熟慮期間の伸長の申立ては各相続人がそれぞれ行う必要があります。誰か1人が熟慮期間の伸長をしても、他の相続人の熟慮期間に影響はありません。

　そのことから、熟慮期間伸長の申立ては、統一的に伸長期間を申請することが望ましいと考えます。

　複数の相続人がいる相続の場合の実務対応として、相続開始を先に知った相続人が、限定承認を検討しているなら熟慮期間の伸長の申立てをしておくべきです。なぜなら、相続開始を後から知った相続人が、限定承認を選ばない可能性もあるからです。例えば、相続放棄をした相続人は初めから相続人ではないので、限定承認には関わりません。しかし、自己のために相続の開始があったことを知った時から3か月を経過していると、単純承認をしたものとみなされてしまいます。

　また、限定承認の申述の手続では、①財産を調査する時間がかかる、②他の相続人と連絡が取れない場合の対応に時間を要する、③相続放棄をする相続人がいる場合には、相続放棄が受理された後でなければ限定承認の申立てをすることができなくなること、などから、熟慮期間の伸長の申立てをしておくべきです。

⑴　申立権者

　熟慮期間伸長の申立てができる者は、利害関係人又は検察官とされています（民法915①）。利害関係人とは、承認や放棄によって相続関係が確定することについて法律上の利害関係を有する者です。相続人はもとより、相続債権者、受遺者、相続人の債権者、次順位の相続人などがこれに当たります。相続人は、自らの熟慮期間の伸長に限らず、他の相続人の熟慮期間の伸長を求めることもできます。

　なお、申立ては、被相続人の最後の住所地を管轄する家庭裁判所となります。

⑵　申立期間

　申立期間は、相続の開始後、熟慮期間が経過しない間になされる必要があります。その期間内に申立てがあれば、伸長を認める審判がその期間内になされる必要はないとして実務上取扱われているようですが、熟

慮期間伸長の審判は、審判を受ける者に告知されて初めて効力が生じる（家事事件手続法74②）とされていることから、熟慮期間内に伸長審判を受けることが望ましいと考えます。

(3) 審理

相続財産の構成の複雑性、所在地、相続人の海外や遠隔地所在などの状況のみならず、相続財産の積極、消極財産の存在、限定承認をするについての共同相続人全員の協議期間並びに財産目録の調製期間などを考慮して審理することを要するものと解されます（大阪高裁：昭和50年6月25日決定）。

(4) 再度の伸長の申立て

事情によっては、期間伸長の審判がなされたとしても、再度の伸長の申立てをすることができます。

● 熟慮期間伸長の申立てに必要な書類

必要書類		申立先
家事審判申立書　事件名（相続の承認又は放棄の期間伸長）		被相続人の最後の住所地の家庭裁判所
共通	被相続人の住民票除票又は戸籍附票	
	利害関係人からの申立ての場合、利害関係を証する資料（親族の場合、戸籍謄本等）	
	伸長を求める相続人の戸籍謄本	

【被相続人の子又はその代襲者（孫，ひ孫等）（第一順位相続人）に関する申立ての場合】
① 被相続人の死亡の記載のある戸籍（除籍、改製原戸籍）謄本
② 代襲相続人（孫、ひ孫等）の場合、被代襲者（本来の相続人）の死亡の記載のある戸籍（除籍、改製原戸籍）謄本

【被相続人の父母・祖父母等（直系尊属）（第二順位相続人）に関する申立ての場合】

① 被相続人の出生時から死亡時までのすべての戸籍（除籍、改製原戸籍）謄本

② 被相続人の子（及びその代襲者）で死亡している者がいる場合、その子（及びその代襲者）の出生時から死亡時までのすべての戸籍（除籍、改製原戸籍）謄本

③ 被相続人の直系尊属に死亡している者（相続人より下の代の直系尊属に限る（例：相続人が祖母の場合、父母））がいる場合、その直系尊属の死亡の記載のある戸籍（除籍、改製原戸籍）謄本

【被相続人の兄弟姉妹及びその代襲者（おい、めい）（第三順位相続人）に関する申立ての場合】

① 被相続人の出生時から死亡時までのすべての戸籍（除籍、改製原戸籍）謄本

② 被相続人の子（及びその代襲者）で死亡している者がいる場合、その子（及びその代襲者）の出生時から死亡時までのすべての戸籍（除籍、改製原戸籍）謄本

③ 被相続人の直系尊属の死亡の記載のある戸籍（除籍、改製原戸籍）謄本

④ 代襲相続人（おい、めい）の場合、被代襲者（本来の相続人）の死亡の記載のある戸籍（除籍、改製原戸籍）謄本

● 相続の承認又は放棄の期間の伸長　　　　　　　　　　　（単位：件数）

年分	総数	認容	年分	総数	認容
平成20年	4,974	4,362	平成27年	7,375	6,978
平成21年	5,651	5,180	平成28年	7,271	6,870
平成22年	6,100	5,746	平成29年	7,166	6,792
平成23年	6,971	6,322	平成30年	7,510	7,065
平成24年	6,768	6,401	令和元年	7,590	7,132
平成25年	6,824	6,520	令和2年	8,733	8,186
平成26年	6,930	6,613	令和3年	9,112	8,616

（出典：最高裁判所　第3表　家事審判事件の受理、既済、未済手続別事件別件数）

● 熟慮期間伸長の審判書（見本）

令和4年（家）第　□号

審　　　判

本　　　籍　△△県△△市　町△丁目△△△番地
住　　　所　△△県△△市　町△丁目△△△番地
　　申　立　人　　　　　　　□□　□□

本　　　籍　△△県△△市　町△丁目△△△番地
最後の住所　△△県△△市　　△△△番町△△番地
　　被相続人
　　　　　　　　　　令和4年　月1日死亡

　上記申立人からの相続の承認又は放棄期間伸長申立事件について、当裁判所はその申立てを相当と認め、次のとおり審判する。

主　　　文

1　申立人が被相続人○○○の相続について、承認又は放棄をする期間を令和4年　月1日まで伸長する。
2　手続費用は申立人の負担とする。

令和4年×月×日
家庭裁判所　支部
裁判官

これは謄本である。
同日同庁
裁判所書記官

第三章

単純承認

相続人が無限に被相続人の権利義務を承継することを単純承認といいます（民法920）。

そこで、この章では、相続開始後の選択肢のうち、最も多く選択されている相続の単純承認について解説します。

1．相続の単純承認についての民法の規定

相続の単純承認については、民法920条と921条にその規定があります。

（単純承認の効力）

第920条　相続人は、単純承認をしたときは、無限に被相続人の権利義務を承継する。

（法定単純承認）

第921条　次に掲げる場合には、相続人は、単純承認をしたものとみなす。

一　相続人が相続財産の全部又は一部を処分したとき。ただし、保存行為及び第602条に定める期間を超えない賃貸をすることは、この限りでない。

二　相続人が第915条第1項の期間内に限定承認又は相続の放棄をしなかったとき。

三　相続人が、限定承認又は相続の放棄をした後であっても、相続財産の全部若しくは一部を隠匿し、私にこれを消費し、又は悪意でこれを相続財産の目録中に記載しなかったとき。ただし、その相続人が相続の放棄をしたことによって相続人となった者が相続の承認をした後は、この限りでない。

相続の開始があったことを知った時から3か月以内に家庭裁判所に限定承認又は相続放棄の申述をしなかった場合や、家庭裁判所で相続の放棄又は限定承認の申述・受理が行われる前に相続財産の全部又は一部を処分したときは、単純承認したものとみなされ、すべての財産・債務を承継する権利・義務が生じることとなります（民法920、921一）。

また、相続人が、限定承認又は相続の放棄をした後であっても、相続

財産の全部若しくは一部を隠匿し、私にこれを消費し、又は悪意でこれを相続財産の目録中に記載しなかったときは、申述受理があった後においても、その申述は取り消され単純承認をしたものとみなされます（民法921二）。

　単純承認がされた場合、相続財産と相続人の固有財産が融合し、両者の区別がなくなることになります。

　そのため、被相続人の財産のうちに債務が多い場合に単純承認をすると、その債務は相続人が負担することになります。また、相続発生時には明らかな借入金などがない場合でも、被相続人に対する株主代表訴訟や連帯保証人としての債務の弁済など、相続後予期しない債務が発生する場合があるので注意が必要です。

　また、相続人は、限定承認した場合には、相続財産の範囲を明確にし、被相続人の債権者や受遺者に対する清算を誠実に実行しなければならない義務を負い（民法927以下）、相続を放棄した場合には、その放棄によって相続人となる者のために相続財産を管理しなければなりません（民法940）。それにもかかわらず、限定承認又は相続放棄した相続人が、相続財産の全部若しくは一部を隠匿するなどの背信的行為をした場合には、適法に申述がされ、受理されている場合であっても、単純承認したものとみなされます（民法921三）。

　なお、法定単純承認は「遺産＝相続財産」を対象としていますので、「生命保険金」のような相続財産以外の財産を処分しても法定単純承認に該当しません。また、「保存・管理」行為や、短期賃貸借の期間を超えない賃貸借をしても法定単純承認の処分に該当しません。

コラム 保存行為・管理行為・変更（処分）行為

① **保存行為**

　保存行為とは、相続財産の現状を維持するのに必要な行為をいい、民法252条5項において、「各共有者は保存行為をすることができる」としています。不動産の保存行為については、共有者の1人が単独で行うことができます。具体的には、他人の財産の現状を維持するための行為で、建物の修繕のような物理的な現状維持だけではなく、法定相続による所有権移転登記、第三者が無断で土地を使用している場合などにおいて明け渡しを要求する行為、弁済期の到来した借金の弁済のような経済的な現状維持もこれに該当します。

② **管理行為**

　管理行為とは、財産の性質を変更しない範囲で利用・改良を目的とする行為をいい、「共有物の管理に関する事項は、各共有者の持分の価格に従い、その過半数で決する」（民法252①）としています。なお、民法改正により、共有物を使用する共有者があるときも、共有物の使用方法について持分の過半数で決定できることや、一定の期間を超えない賃借権その他の使用及び収益を目的とする権利（※）について、管理行為に分類されることを規定しました。

※　短期賃貸借は、「山林の賃借権等10年、山林以外の土地の賃借権等5年、建物の賃借権等3年、動産の賃借権等6か月」と定義されています（民法252④）。

③ **変更（処分）行為**

　処分行為とは、財産の現状、性質を変える行為を指し、共有物については「各共有者は、他の共有者の同意を得なければ、共有物に変更を加えることができない」（民法251①）とされています。共有物の変更（処分）行為は、共有物に最も重大な結果をもたらすため共有者全員の同意が必要になります。具体的には、変更（処分）行為とは、売却・贈与、土地の造成・土盛り、建物の新築、長期賃貸借、大規模修繕、増改築、解体・建て替え、担保権設定などが該当します。

2．みなし単純承認

(1)　みなし単純承認の解釈

　令和2年4月17日の国税不服審判所の公表裁決で、民法921条1号及び3号の解釈について、以下のように裁決しています。

①　民法921条1号について

　民法921条1号に規定する「処分」とは、相続人が自己のために相続が開始したことを知りながら相続財産を処分したか、少なくとも相続人が被相続人の死亡した事実を確実に予想しながらあえてその処分をしたことが必要とされます（最高裁：昭和42年4月27日判決）。相続人による相続財産の処分は、相続財産が自己の財産となったことを前提とした行為であって、かかる行為は単純承認の意思が含まれていると擬制できます。

　また、民法921条1号に規定する「相続財産の処分」は、相続人が相続財産であることを知って処分した場合にのみ適用があると解されています。

　加えて、民法921条1号は、<u>相続の承認又は放棄を行っていない相続人が相続財産を処分した場合のみに関する規定</u>であり、相続人が一旦有効に相続放棄を行った後に相続財産を処分した場合に適用される規定ではありません（大審院：昭和5年4月26日）。相続人が一旦相続放棄を行った後に相続財産を処分したときは、これについて別にその責めを負うことがあるとしても、このために既に行った相続放棄を無効とすることはできないものと解されています。

②　民法921条3号について

　相続人が相続放棄をして、相続財産の隠匿等の行為をした場合に

は、被相続人の債権者等の利害関係人が相続財産を把握できない等の不利益を被ることになってしまうことから、民法921条3号は、このような相続人による被相続人の債権者等に対する背信的行為に関する民法上の一種の制裁として、相続人に単純承認の効果を発生させることとしたものです。

したがって、民法921条3号に規定する相続財産の「隠匿」とは、相続人が被相続人の債権者等にとって相続財産の全部又は一部について、その所在を不明にする行為をいうと解され、また、同号を適用するためには、その行為の結果、被相続人の債権者等の利害関係人に損害を与えるおそれがあることを認識している必要があるが、必ずしも、被相続人の特定の債権者の債権回収を困難にするような意図、目的までも有している必要はないというべきであると解される、としています。

㊟　私に消費とは、公然になされたか否かは決め手にはならず、公然となされた場合であっても、ほしいままに相続財産を処分して、原形の価値を失わせた場合には、「私に消費」したものと判断されると思われます。

(2)　民法921条3号ただし書き

例えば、被相続人甲が借金300万円と預金100万円を残して死亡し、甲の子は、相続放棄を家庭裁判所に申述し、相続放棄が認められたとします。このことにより、子は借金の相続を免れ、次順位である甲の親に借金が相続されることになります。

この後、預金の存在と子がそれを使い込んだことが発覚した場合、家庭裁判所は相続放棄の無効を言い渡し、子が借金を返さなければならないことになります（921条3号本文）。

しかし、甲の親が単純承認をすれば、子はその預金を相続債権者に返済する必要はありません（921条3号ただし書き）。

(3)　準確定申告とみなし単純承認

　相続の放棄や限定承認を行う者が留意すべきことは、被相続人の準確定申告を相続人が行う行為が、相続の「単純承認」に該当すると一部の専門家などが指摘している点です。

　所得税法125条2項によれば、被相続人の所得税の還付を受ける請求は、<u>相続人が準確定申告をすることができる</u>と規定していて、この行為が民法921条1号による「相続財産の処分」に当たる、すなわち、被相続人が有していた債権を取り立てる行為に該当すると考えると、相続人が準確定申告を行う行為は、単純承認をしたものとみなすこととなるとも思われます。

　また、民法921条に規定する単純承認をしたとみなされる場合以外に、「私は単純承認します」という意思表示をすることによって、相続の放棄や限定承認ができなくなる場合があり得ます。所得税法124条1項又は125条1項で「相続人は、税務署長に対し準確定申告書を提出しなければならない」とされていることから、準確定申告を行うことは、自己が相続人であるという認識を対外的に表示したとして、「単純承認をするという意思表示」をしたとみなされるとする見解が考えられます。

　なお、相続人が熟慮期間の伸長を申立てた結果、法定納期限後にその申述受理がされることになったとしても、これは相続人が自ら選択した結果であるから、申告期限は変わらないとされます（東京高裁：平成15年3月10日判決）ので、準確定申告の期限に遅れると、延滞税や加算税などが課されます。これらの附帯税は、被相続人の債務に該当することから限定承認の手続の中で相続財産から負担すればよいと考えられます。

　しかし、これらの附帯税は、相続人などの責任に基づくものであることから、相続税の申告においては債務控除することはできません。

　以上のように、相続の放棄や限定承認の申述受理がされる前に、相続

人が被相続人の相続財産の全部又は一部を処分したりする行為があると単純承認したものとみなされ、相続の放棄や限定承認が認められません（民法921）。

(4) みなし単純承認

　以下の行為は、単純承認をしたものとみなされてしまう可能性が高いので、相続の放棄や限定承認をしようと考えている場合には行ってはいけません。

① 預貯金の解約・払戻

② 相続債務の支払・債権の取り立て（例えば、賃料送金口座の変更）

③ 不動産や動産の譲渡や名義変更

④ 遺産の自社株について、相続人として株主総会で権利を行使する

⑤ 準確定申告による所得税の還付請求

⑥ 生命保険金のうち、入院給付金や手術給付金の請求・受領

⑦ 後期高齢者医療保険料や介護保険料の精算金、高額療養費、高額介護サービス費又は高額介護合算療養費などの受領

⑧ 老人ホーム入居金等の返還

⑨ 遺産分割協議を行う

⑩ 被相続人が居住していた家屋の取壊し

3．遺産分割協議などによる事実上の相続の放棄（単純承認）

　相続開始から３か月以内に家庭裁判所に申述して行うのが法的な意味での相続の放棄ですが、相続実務では、いわゆる「事実上の相続の放棄」も行われています。

　相続の放棄をすべき熟慮期間が徒過してしまったり、あるいは申述することの煩わしさを避けるため、法的な手続をせずに相続財産の取得を

放棄する方法として、①遺産分割協議に加わった上で、相続財産をまったく取得しないとする方法、②被相続人の生前に特別受益としての贈与を受けているため、相続分がない旨を陳述する書面（特別受益証明書：実印の押印と印鑑証明書添付が必要）を作成する方法、③他の相続人に対して相続分を譲渡する方法などが考えられます。

　このような事実上の相続の放棄は、法的手続による相続の放棄と同様の効果が得られるため、相続人間でトラブルがない限り、現実的な方法といえます。

　しかし、被相続人に債務がある場合には、債権者は相続人に対して法定相続分に相当する債務の請求ができ、被相続人の保証債務についても本来の債務者が債務を弁償しない場合には、相続人はその債務を負担することになることから、これを避けるためには、「法的な相続の放棄」をしておかなければなりません。

● **特別受益証明書　見本**

特別受益証明書

被相続人　山本　太郎（昭和44年4月4日生まれ）
本籍地　大阪市北区〇〇町1丁目2番地
最後の住所　兵庫県西宮市〇〇町2丁目3番4号
死亡年月日　令和5年3月2日

　私は、上記の被相続人の相続人ですが、当該被相続人から生前中にすでに相続分以上の財産の贈与を受けています。よって、当該被相続人の死亡に係る相続については、私の受けるべき相続分はないことを証明します。

令和5年4月3日
住　所　大阪市西区〇〇町3丁目4番5号
相続人（署名）　山本　花子　㊞（実印）

４．相続の放棄が無効として争われた係争事例（みなし単純承認）

　どのような行為が行われた場合に、相続の放棄が無効とされるかなどに係る主な係争事例を紹介します。

(1)　相続債務の支払

　被相続人が亡くなった後に、相続人が相続債務を支払うことが、民法921条１号に定める「相続財産の処分」に当たるのかどうかについては、①死亡保険金は、特段の事情のない限り、被保険者死亡時におけるその相続人であるべき者の固有財産であるから、保険金の請求及び受領は、相続財産の一部の処分にあたらない、②固有財産である死亡保険金をもって行った被相続人の相続債務の一部弁済行為は、相続財産の一部の処分にあたらないと判示しました（福岡高裁：平成10年12月22日決定）。

　被相続人の借金を、明らかに自分の財産を取り崩して支払ったのであれば、単純承認をしたものには当たらず、相続放棄ができると考えられますが、逆に、相続財産から相続債務を支払った場合には、単純承認をしたものとみなされる可能性が高いと思われます。

(2)　形見分け等

　形見分けを受ける行為は、原則として、単純承認事由にあたりません。「形見として背広上下、冬オーバー、スプリングコートと位牌を持帰り、時計・椅子二脚の送付を受けても信義則上処分行為に該当しない」という判決があります（山口地裁：昭和40年５月13日判決）。

　また、古着は使用に堪えないものではないにしても、もはや交換価値はないものというべきであり、その経済的価値は皆無といえないにしても、いわゆる一般的経済価格のあるものの処分とはいえないから、この

ような処分をもってはいまだ単純承認とみなされるという効果を与えるに足りないと解するのが相当である（東京高裁：昭和37年7月19日決定）と判示しています。

　一方、「相続人が、被相続人のスーツ、毛皮、コート、靴、絨毯など一定の財産的価値を有する遺品のほとんどすべてを自宅に持ち帰る行為は、いわゆる形見分けを超えるものであり、民法921条3号の「隠匿」に該当する」（東京地裁：平成12年3月21日判決）という判決もあります。

　つまり、形見分けと言われる行為は、それほど経済的な価値の高くないものについて行われるのが一般的なので、それを超えるような行為については、形見分けを超える行為として、単純承認をしたものとみなされることがあるということです。

(3)　被相続人の火葬費用などの支払

　大阪高裁の昭和54年3月22日決定では、「被相続人が死亡したことを所轄警察署から通知された相続人が、同署の要請により、殆んど経済的価値のない被相続人の身回り品、僅少な所持金を引き取り、右所持金に自己の所持金を加えて被相続人の火葬費用並びに治療費の支払いに充てた行為をもって民法921条1号の「相続財産の一部を処分した」ものということはできない。」と判示しました。

　また、「預貯金等の被相続人の財産が残された場合で、相続債務があることが分からないまま、遺族がこれを利用して仏壇や墓石を購入することは自然な行動であり、また、本件において購入した仏壇及び墓石が社会的にみて不相当に高額のものとも断定できない上、それらの購入費用の不足分を遺族が自己負担としていることなどからすると、「相続財産の処分」に当たるとは断定できない」（大阪高裁：平成14年7月3日決定）と判示しています。

(4)　被相続人の有していた債権の取り立て

　相続人が、被相続人の有していた債権を取り立ててこれを収受する行為は、「相続財産の処分」にあたり、単純承認したものとみなすという判例があります。例えば、相続人が、相続財産である建物の賃借人に対して賃料の支払いを求めることは、債権の取立てに当たるので、単純承認したものとみなされます（最高裁：昭和37年6月21日判決）。

(5)　被相続人の有していた建物賃借権を相続した

　「相続人が被相続人の有していた建物賃借権を自ら相続したとして賃貸人に対し賃借権が相続人に属することの確認を求める訴訟を提起しこれを追行した等の事実関係があるときは、民法921条1号にいう「処分」に当たり単純承認をしたものとみなされる。」（東京高裁：平成元年3月27日判決）とする判決があります。

(6)　不動産の所有権移転登記の申請行為等

　被相続人名義の不動産の所有権移転登記（生前に贈与された不動産を被相続人が死亡後において贈与を原因とする所有権移転登記）の申請行為が、被相続人が行った生前処分の履行として、相続財産の「処分」に該当し、法定単純承認となるので、相続放棄は無効である（東京地裁：平成26年3月25日判決）としています。

　また、被相続人所有の不動産について、入居者の賃料の振込先の口座名義を相続人に変更するとともに被相続人への賃料の支払名義を相続人に変更したことが相続財産の処分に該当するとする判決（東京地裁：平成10年4月24日判決）もあります。

(7)　株式の議決権行使

　相続人が被相続人経営の会社の取締役選任手続において被相続人保有

の株主権を行使したことなどが相続財産の処分に該当するとして法定単純承認があった（東京地裁：平成10年4月24日判決）ものとする判決があります。

例えば、代表取締役を被保険者とする法人契約の生命保険がある場合、まず相続人等へ代表者変更を行い、変更登記を行ったのちに保険金請求をすることになります。この場合に、定款上で代表取締役の選出が株主総会決議事項となっていれば、株主総会を開いて決める必要があります。未分割の株式の議決権の行使については、権利を行使する者を1人定め、その氏名をその会社に通知することが必要とされています（会社法106）。そのため、準共有状態になっている株式の議決権の行使は、相続人全員で行うことになるため、株主として株主の権利を行使して代表者を選出する行為は、単純承認をしたものとみなされます。

この場合の対応策としては、代表取締役の選出方法について定款を変更しておいて、株主総会決議ではなく取締役会によることとしておく方法が考えられます。

⑻　遺産分割協議

遺産分割協議書により被相続人所有の不動産を相続人の共有名義にしたことは相続財産の処分に当たり、処分行為をした当時において相続人が被相続人の債務を知っていたと否とに関わりなく単純承認したものとみなされ、相続の放棄はできなくなる（神戸家裁：平成9年12月26日審判）と審判しました。

しかし、抗告審では、申述を受理すべきか否かは、相続債務の有無及び金額、相続債務についての抗告人らの認識、遺産分割協議の際の相続人間の話合いの内容等の諸般の事情につき、更に事実調査を遂げた上で判断すべきであるところ、このような調査をすることなく、法定単純承認事由があるとして申述を却下した原審判には、尽くすべき審理を尽く

さなかった違法があるとして、原審判を取り消し、差し戻しました（大阪高裁：平成10年2月9日判決）。

　また、被相続人の遺言によって被相続人の相続財産は被相続人の長男がすべて相続し、申述人が相続することはないものと理解していたとしても、被相続人が死亡した時点で、被相続人に相続財産が存在することを認識していた場合には、自らは被相続人の相続財産を相続することはないものと理解していたとしても、熟慮期間はその時から起算すべきものと解するほかはないとして、相続放棄の申述が却下されました（千葉家裁：平成12年10月5日審判）。

　しかし、抗告審では、相続人が遺産分割協議書を作成したとしても、それが相続財産の一部を被相続人がした遺言の趣旨に沿って他の相続人に相続させるためにしたものであり、自らが相続し得ることを前提に他の相続人に相続させる趣旨でしたものではないと認められるとして、これをもって単純承認をしたものとみなすことは相当でない（東京高裁：平成12年12月7日決定）と判示しています。

　このように、遺産分割協議を行うことは、法定単純承認にがあったと判定されるリスクがあることを認識しておかなければなりません。

5．単純承認を選択した場合の債務の承継

(1)　債務の承継

　法定の相続放棄の効力は「絶対的で、何人に対しても、登記等なくしてその効力を生ずる」（最高裁判決：昭和42年1月20日）とされています。

　しかし、遺産分割協議に加わった上で、相続財産をまったく取得しないとする遺産分割協議書に署名・押印するなどの方法によって実質的な相続の放棄の場合には、法的手続による相続の放棄と異なり、被相続人

の債務はその相続人の法定相続分に応じてこれを承継することとされていて（最高裁判決：昭和34年6月1日）、債権者から法定相続分に相当する債務について請求された場合、弁済しなければなりません。

　この場合、相続開始時において確定している債務だけでなく、保証債務や損害賠償金などについても承継することになります。

　したがって、共同相続人の合意のみで、相続人の一部の者だけに相続財産及び債務を承継させるという合意をしたとしても、それは、法律的には免責的債務引受ということになり、これを債権者に対しても主張するためには、債権者も合意に加えるか、又は、その合意につき債権者に承認を得る必要があります。債権者の承認が得られず、債権者の請求に対し、相続債務を支払った相続人は、他の相続人が相続債務を全面的に負担すると合意していた場合には、その相続人に対し、求償することになります。

(2)　相続税法の取扱い

①　保証債務

　原則として、保証債務は債務控除の対象となりません。これは、保証債務は、保証債務を履行した場合は求償権の行使により補てんされるという性質を有するため、確実な債務とはいえないからです。ただし、主たる債務者が弁済不能の状態にあるため、保証人がその債務を履行しなければならない場合で、かつ、主たる債務者に求償権を行使しても弁済を受ける見込みのない場合には、その弁済不能部分の金額については、債務控除の対象となります（相基通14-3(1)）。

②　損害賠償金

　被相続人の過失に基づくもので、被相続人が加害者としての損害

賠償の責任を負って死亡した場合、相続人はその責任を相続により承継することになります（民法896）。

　被相続人の過失に基づくものとは、例えば、交通事故の過失割合が、亡くなった被相続人よりも怪我を負った相手方の方が大きい場合に、被相続人の相続人が相手方に対して支払った見舞金等は、損害賠償として性格を有しないので債務控除はできません。

　また、損害賠償債務の履行としての性格を有するものであっても、債務控除ができるのは、相続税の申告期限内に実際に支払ったものか、支払額が客観的に見積り可能なものに限られます（相法14①）。

　一方、交通事故の加害者から遺族が損害賠償金を受けたときの相続税の取扱いについては、被害者が死亡したことに対して支払われる損害賠償金は相続税の対象とはなりません。

　この損害賠償金は遺族の所得になりますが、所得税法上非課税規定がありますので、原則として税金はかかりません。

　なお、被相続人が損害賠償金を受け取ることに生存中決まっていたが、受け取らないうちに死亡してしまった場合には、その損害賠償金を受け取る権利すなわち債権が相続財産となり、相続税の対象となります。

第四章

相続の放棄

　相続の放棄は、債務超過となっている相続の場合に、相続債権者の犠牲の下に、相続人を債務から救済する制度ですが、共同相続の場合に、債務超過でなくても相続争いに巻き込まれたくないためや、被相続人から生前贈与を受けているなどの理由で、相続放棄を行うこともあります。相続の放棄は、限定承認とは異なり、相続人ごとに行うことができます。

　相続の放棄をしようとする者は、自己のために相続の開始があったことを知った時から3か月以内に、その旨を家庭裁判所に申述しなければなりません（民法915①）。

　裁判所の統計資料によると、相続の放棄の申述が受理（認容）された件数は、毎年増加の一途で令和3年は246,216件となっています。

　相続の放棄があると、その者は初めから相続人とならなかったものとみなされ（民法939）、相続の順位や、他の相続人の相続分や遺留分などにも影響が及びます。また、相続の放棄の申述が受理されると、相続の開始を知ってから3か月（熟慮期間）が経過する前であっても、相続の放棄の申述を撤回することは許されません（民法919①）。

　さらに、相続税の課税上の不利益を受けることも考えられますので、慎重な判断が必要とされます。

　そこで、この章では、相続の放棄をしようと考える場合の留意点などについて解説します。

1．相続の放棄

(1)　家庭裁判所における相続の放棄

　相続の放棄をしようとする者は、その旨を家庭裁判所に申述しなければなりません。相続放棄の申述書が提出されると、家庭裁判所は、その申述を審査して受理するか否かを決定することになります。これは、申述書が形式的要件を具備しているかどうか、申述が本人の真意によるも

のかどうかを形式的に審査するものであり、常に本人の審問等を行うことは要しない（最高裁：昭和29年12月21日判決）とされています。

　申述が本人の真意によるものかどうか等を確認するために、相続放棄の申述から約１ 〜 ２週間後、家庭裁判所から「照会書」が申述者に送付されます。

　照会書（又は回答書）には、①相続放棄する意思は変わらないか、②被相続人の死亡を知った日はいつか、③相続放棄することの意味や、相続を受ける権利がなくなることを知っているか、などの事項が記載されており、回答することになっています。

　そして、その回答を待って、家庭裁判所が相続放棄の申述を受理することによって相続放棄の法定効力が生じます（家事事件手続法39・別表第一95）。相続の放棄では、限定承認の場合と異なり、財産目録の提出は要しないし、理由を示す必要もありません。また、相続人全員が共同でする必要はなく、相続の放棄をしたいと思う相続人一人一人が家庭裁判所に申述すればよいのです。

　通常、相続放棄をしようとする者は、被相続人の相続財産において資産よりも負債が多い場合や、限定承認をしたいけれども相続人の一部の人が反対するためできないときなどに有効な方法です。しかし、資産が負債よりも多い場合であっても、相続放棄することができます。

　この相続放棄は、申述の受理という審判によって成立し、相続を放棄した者は初めから相続人とならなかったものとみなされる（民法939）ので、例えば、放棄者に直系卑属（子または孫）があっても代襲相続の原因にならず、これらの直系卑属は放棄者に代わって相続することはできません。

⑵　相続放棄の手続

　相続放棄の手続は、自己のために相続の開始があったことを知った時

から３か月（例えば、被相続人の死亡の日が１月１日ならその期限は４月１日となります（民法140：暦法的計算による期間の起算日））以内（熟慮期間内）に家庭裁判所に相続放棄申述書を提出して放棄しなければなりません（民法915①）。この「自己のために相続の開始があったことを知った時」とは、相続人が相続開始の原因たる事実の発生を知り、かつ、そのために自己が相続人となったことを知った時をいいます。

　もっとも、この熟慮期間内に相続人が相続財産の状況を調査しても、なお、相続放棄をするかを決定できない場合には、家庭裁判所は、申立てにより、この３か月の熟慮期間を伸長することができます。延長は３か月に限られるのが原則ですが、再度の延長申請も可能ですので、相続財産の調査などの必要があれば、延長申請を繰り返すことにより、６か月、あるいは９か月と、熟慮期間を伸長することもできます（限定承認手続についても同様に熟慮期間を伸長することができます。）。

(3)　相続放棄の申述者

　共同相続人の１人が、他の共同相続人の全部又は一部の者の後見をしている場合において、後見人が被後見人全員を代理してする相続の放棄は、後見人みずからが相続の放棄をした後にされたか、又はこれと同時にされたときは、利益相反行為にあたらないと判示されています（最高裁判決：昭和53年２月24日）。

　未成年者が法律行為をするには、その法定代理人（親権者又は未成年後見人）の同意を得なければならない（民法５①）とされていますが、法定代理人も未成年者と共に相続放棄するときは、利益が相反しないので、法定代理人が未成年者の法定代理人として相続放棄の申述をすることが実務上認められています。

⑷　二重の相続資格を有する相続人の放棄

　一人の相続人が、同順位の他の相続資格を有する場合（養子となった孫について養子の立場と代襲相続人である孫の立場が重なる場合など）や、異順位の相続資格をも有する場合（養子となった兄弟について、直系卑属となる養子の立場と第三順位の兄弟の立場が重なる場合など）は、それぞれの相続資格について相続放棄や限定承認をすることができます。

　同順位の相続資格が重なる場合は、通常、すべての相続資格に基づく申述であると解することに問題はありませんが、異順位の相続資格が重なる場合には、以下のような考え方があります。

　順位を異にする二つの地位を兼有する相続人が、先順位の資格において相続の放棄をした場合、その効力は全面的に生じ更に後順位の資格により相続をする余地がないのか（積極説）、それとも相続順位は夫々各別に観察し、同一人が先順位の相続人たる資格において相続の放棄をした場合でも、当然には後順位の資格による相続放棄の効力を生じないと解すべきか（消極説）については見解が分れています。

　相続資格が異なる順位である場合の相続放棄は、同じ被相続人に対する相続放棄であることから、当然どちらの立場からも相続放棄したものとして取扱われる（昭和32年1月10日民事甲61号民事局長回答）としています。

　しかし、京都地裁の判決（昭和34年6月16日）では、「同一人が二つの資格を兼有する場合でも相続の放棄はやはり相続順位（資格）に応じ各別に観察するを相当とするとの見解が正しい」と判示しています。

　以上のことから、申述人は、先順位の資格において相続の放棄をする際に、後順位である相続資格は留保する旨の意思表示がない限り、先順位と同時に後順位の相続も放棄したことになる可能性が高いと考えられます。

⑸　相続を放棄した者の相続財産の管理の義務

　相続の放棄をした者は、その放棄の時に相続財産に属する財産を現に占有している財産について、相続人（法定相続人全員が放棄した場合は、相続財産清算人）に対してその財産を引き渡すまでの間、自己の財産におけるのと同一の注意をもって、その財産を保存しなければならないとされています（民法940）。

　しかし、この義務は後に相続人となる者（相続財産清算人）等に対する義務であり、近隣住民などの第三者に対する損害賠償責任等を負う義務ではないとされています（国土交通省住宅局住宅総合整備課及び総務省地域創造グループ地域振興室：平成27年12月25日付け事務連絡）。

　相続放棄した人が管理を免れるには、その放棄によって相続人となった者が相続財産の管理を始めることができるまで管理義務が及ぶことから、次順位の相続人がいる場合には、その人に財産を引き渡せば管理義務はなくなります。相続人の全員が相続放棄をした場合に、相続人が管理義務を免れるには家庭裁判所で「相続財産清算人」を選任する必要があります。

　相続財産清算人に遺産を引き渡せば、相続放棄した人は遺産の管理をしなくてもよいことになります。相続放棄をする場合には、その後の管理のことについても頭に入れておいたほうが良いかもしれません。

● 　相続放棄の申述をする場合の必要書類

必要書類	申立先
相続放棄申述書	被相続人の最後の住所地の家庭裁判所
被相続人の戸籍（除籍）謄本・改製原戸籍謄本	
被相続人の住民票の除票又は戸籍附票	
申述人の戸籍謄本	

コラム **相続の放棄の熟慮期間経過後における被相続人の所得税の更正等処分**

　被相続人の所得税更正等処分について、相続人が相続の承認・放棄の熟慮期間内に税務調査の結果が通知されず、相続人は、相続放棄の機会を奪われ、租税債務を承継しなければならなくなった課税処分は、憲法に反し、違法であると主張して、課税処分の取消しを求めた事案について、裁判所は、所得税等の納税義務者が死亡した場合に、その相続人に係る相続の承認・放棄の熟慮期間内に税務調査を終え、その結果を通知しなければならないという明文規定は現行法上見当たらないなどとして、原告の訴えを退けています（前橋地裁：平成10年8月28日判決）。

● **相続の放棄の申述の受理（認容）件数**

年　分	件　数	年　分	件　数	年　分	件　数
平成12年	101,096件	平成22年	156,682件	令和2年	227,719件
平成13年	107,290件	平成23年	162,876件	令和3年	246,216件
平成14年	119,883件	平成24年	165,249件		
平成15年	136,556件	平成25年	168,590件		
平成16年	138,138件	平成26年	177,665件		
平成17年	146,290件	平成27年	183,949件		
平成18年	146,568件	平成28年	193,388件		
平成19年	147,023件	平成29年	201,328件		
平成20年	144,526件	平成30年	210,181件		
平成21年	152,314件	令和元年	217,745件		

（出典：最高裁判所事務総局総務局統計課「第3表：司法統計年報（家事編）」）

コラム　相続の放棄・遺産分割・遺留分侵害額請求と詐害行為取消権

　相続の放棄は、相続人による被相続人の地位の包括的拒否という「身分行為」です。身分行為は、他人の意思によってこれを強制すべきではないと解され、もし相続放棄を詐害行為として取り消し得るものとすれば、相続人に相続承認を強制することと同じ結果となり不当であり、民法424条の詐害行為取消権行使の対象とならないと考えられます（最高裁：昭和49年9月20日判決）。また、共同相続人の1人が他の共同相続人の全部又は一部の者の後見をしている場合において、後見人が被後見人全員を代理してする相続の放棄は、後見人みずからが相続の放棄をしたのちにされたか、又はこれと同時にされたときには、利益相反行為にあたらないと解される（最高裁：昭和53年2月24日判決）としています。

　一方、遺産分割協議は、相続の開始によって共同相続人の共有となった相続財産について、その全部又は一部を、各相続人の単独所有とし、又は新たな共有関係に移行させることによって、相続財産の帰属を確定させるものであり、その性質上、財産権を目的とする法律行為であるということができるから、共同相続人の間で成立した遺産分割協議は、詐害行為取消権行使の対象となり得るものといえます（最高裁：平成11年6月11日判決）。

　しかし、遺留分侵害額（減殺）請求権は、特段の事情がある場合を除き、行使上の一身専属性を有するもので、遺留分権利者以外のものが、遺留分権利者の侵害額（減殺）請求権行使の意思決定に介入することは許されない（最高裁：平成13年11月22日判決）と判示されていることから、遺留分権者が遺留分侵害額（減殺）請求を行わなかったことは詐害行為取消権行使の対象に当たらないと考えられます。

民法
第424条（詐害行為取消権）
1　債権者は、債務者が債権者を害することを知ってした法律行為の取消しを裁判所に請求することができる。ただし、その行為によって利益を受けた者又は転得者がその行為又は転得の時において債権者を害すべき事実を知らなかったときは、この限りでない。
2　前項の規定は、財産権を目的としない法律行為については、適用しない。

⑹　相続放棄申述受理証明書

　相続放棄の申述が受理されると、家庭裁判所からその放棄者に、相続放棄申述受理証明書が交付されます。

　相続放棄申述受理証明書は、第三者（法務局や金融機関などの債権者等）に対して相続放棄をしたことを証明するための正式な書類で、家庭裁判所に請求すれば何度でも発行してもらえます。

　一方、相続放棄申述受理通知書は、第三者（法務局や金融機関などの債権者等）に対して相続放棄が認められたことを証明する目的で発行されるものではなく、相続放棄の申立人に対して相続放棄が認められたという結果を知らせることを目的としている書類で、再発行はしてもらえません。

　そのため、他の相続人が不動産の相続登記を行うときや、被相続人名義となっている預貯金の口座を相続人名義に変更するとき、又は債権者からの借金の請求を受けたとき等では、「相続放棄申述受理証明書」が要求されることがあります。

　なお、相続放棄申述受理証明書を請求するには、相続放棄申述事件の「事件番号」を特定しなければなりません。事件番号は、申述人本人の場合、家庭裁判所から受け取った「相続放棄申述受理通知書」に記載されています。利害関係人や他の相続人が申請する際には、事前に事件番号を調査する必要があり、家庭裁判所に対して「相続放棄・限定承認の申述の有無についての照会書」を提出して事件番号などを確認することになります。

　裁判所では、照会書に記載された氏名と裁判所の事件簿などとの照合を通じて申述の有無を回答しますので、例えば、照会書上「髙橋一郎」と記載されていても「高橋一郎」は別人として扱われる可能性があり、この場合は「見当たらず」と回答することになりますので、注意が必要

です。

● 相続放棄申述受理証明書発行を受けるための必要書類

必要書類	申立先
「相続放棄申述受理証明申請書」（利害関係人用）	被相続人の最後の住所地の家庭裁判所
身分証明書（運転免許証，健康保険証等）のコピー	
利害関係疎明資料（被相続人の死亡の記載のある戸籍（除籍）謄本、申請者の戸籍謄本など）	
手数料、返送用封筒、返送用郵便切手など	
債権者の場合で法人が請求するときは資格証明書（法人の場合）	
債権者であることを証する資料（契約書等）	

(注) 例えば、被相続人の子３人の相続放棄の申述が受理された場合において、相続放棄済の１人から相続放棄をした他の２人分の受理証明書を一括して交付申請することは原則としてできません（それぞれ、自分が自分の分の証明書を交付申請する必要があります。）。

　これは、相続放棄をした方は、その相続については、初めから相続人とならなかったものとみなされ（民法939）、相続人としての利害関係が認められなくなるからです。

　ただし、相続関係以外の利害関係がある場合は発行することができる場合もあります。

(7) 相続の放棄があった場合の留意点

① いったん相続の放棄をした場合には、熟慮期間内であっても、その撤回をすることはできないとされています（民法919①）。また、一度受理された相続放棄の撤回は許されないとする判例もあります（最高裁：昭和37年５月29日判決）。

② 死亡保険金・死亡退職金及び相続人が契約者となっている生命保険

契約に関する権利などの財産は、保険金受取人及び退職金受取人並びに保険契約者固有の財産であることから、相続の放棄の効力が及びませんので、相続の放棄をした人でも、死亡保険金などを受け取ることや、保険契約者の地位に変動はありません。

③　相続人が相続の放棄をすると、放棄をした者は、初めから相続人とならなかったものとみなされ（民法939）、同順位の相続人が存在していればその同順位の相続人の相続分が増え、同順位の相続人がいなければ、次順位の者が相続人となります。

　たとえば、被相続人の妻（母）と子1人が相続人の場合で、子が母に全財産を相続させるために相続の放棄をしたときは、その子は初めから相続人でなかったものとみなされます。したがって、相続人は母と祖父母（被相続人の父と母）となり、祖父母がすでに死亡している場合には、叔父や叔母（被相続人の兄弟姉妹）に相続権が生じてしまうことになります。このようなケースでは、子は相続の放棄をするのではなく、子と母の間で全財産を母が相続するという遺産分割協議を行えば、母がすべての財産を相続することができます。

④　被相続人である長男（家族構成は、父・母・長男（被相続人）・長女・長男の妻・長男の子）が多額の債務を残し、相続財産が明らかにマイナスである状態で死亡した場合に、第一順位の相続人である長男の妻とその子が相続の放棄をしたときは、第二順位である父母が法定相続人となります。父母も自分が法定相続人であることを知った時から3か月以内に相続の放棄をすると、第三順位の長女が法定相続人となります。

　そして、長女が相続の放棄をすることで被相続人の債務などは誰も承継することはなくなります。このように先順位の法定相続人が全員

相続を放棄した場合には、次順位の者が法定相続人となりますので、順次相続の放棄の手続をする必要があります。

⑤　相続人が、被相続人から生前贈与（特別受益に該当する贈与に限ります。）を受けていた場合には、原則として相続開始前10年間にされたものに限り遺留分算定基礎財産に算入することとされています（民法1044③）。しかし、その相続人が相続の放棄を行った場合には、遺留分算定基礎財産の計算において、当該贈与については、相続人に対する贈与ではなく、相続人以外の第三者への贈与の規定が適用されると考えられます。

　その場合、相続開始前の１年間になされたもの、又は当事者双方が遺留分権利者に損害を加えることを知ってなされた贈与でない場合には、その贈与の価額が遺留分算定基礎財産に加算されないことになります（民法1044①）。

　そのため、例えば、相続開始の５年前に、被相続人から相続人が財産の贈与を受けていても、相続の放棄をすれば、相続人ではなくなることから相続開始前の１年間になされたもの以外の贈与財産は、遺留分を算定するための価額に算入されないことになります。

設　例

1　**被相続人**　父（令和５年３月死亡）
2　**相続人**　長男・長女
3　**生前贈与**　父は令和２年５月に長男に対して、自社株（２億円、相続開始時の時価2.8億円）と現金4,500万円を相続時精算課税によって贈与した（贈与税は4,400万円納税した。）。
4　**父の遺産**　現預金6,000万円、生命保険金1,000万円（長男が受取人）
5　**遺言書**　すべての財産を長女に相続させる
6　**遺留分の算定**

(1)　相続の放棄が行われた場合

長男に対する生前贈与は、特別受益として遺留分算定基礎財産となることが原則ですが、長男が家庭裁判所で相続の放棄をした場合には、相続人以外の者に該当し、父の相続開始前1年以内になされたもの、又は当事者双方が遺留分権利者に損害を加えることを知ってなされた贈与でない場合には、贈与を受けた財産は遺留分算定基礎財産に算入されません。

その場合、相続人は長女1人となるため、遺留分の額は、6,000万円×1/2（総体的遺留分）×1（法定相続分）＝3,000万円となり、長女は遺産の全額を相続していますので、<u>遺留分の侵害額はない</u>ことになります。なお、生命保険金は受取人固有の財産であることから、長男が遺贈によって取得したものとみなされ、かつ、遺留分の対象財産に該当しません。

(2)　相続の放棄がなかった場合

相続人に対する生前贈与（特別受益に該当する贈与）があった場合には、被相続人が相続開始の時において有した財産の価額に特別受益の価額を加えたものが相続財産とみなされます（民法903①）。

・みなし遺産額　28,000万円（※）＋4,500万円＋6,000万円＝38,500万円

（※）　遺留分を算定するための財産については、相続開始の時が基準となります（最高裁：昭和51年3月18日判決）。

・長女の遺留分　38,500万円×1/2（総体的遺留分）×1/2（法定相続分）＝9,625万円

・<u>遺留分侵害額</u>　9,625万円－6,000万円＝<u>3,625万円</u>

7　相続税の計算

（単位：万円）

	長男が相続の放棄をした場合		相続の放棄がなかった場合	
	長男	長女	長男	長女
預貯金	－	6,000	－	6,000
生命保険金	1,000	－	1,000	－
同上非課税金額	（※1）－	－	△1,000	－
相続時精算課税適用財産の価額	（※2）24,500	－	24,500	－
遺留分侵害額	－	－	△3,625	3,625
課税価格	25,500	6,000	20,875	9,625
相続税の総額	7,520		7,120	

各人の算出税額	（※3）6,088	1,432	4,873	2,247
相続時精算課税分の贈与税額控除額	△4,400	−	△4,400	−
納付税額	1,688	1,432	473	2,247

（※）1　長男は相続を放棄していることから、相続人ではないので非課税規定の
　　　　適用を受けることはできません（相法12①五）。
（※）2　贈与を受けた時の価額（2億円＋4,500万円）によって相続財産に加算
　　　　されます（相法21の15①）。
（※）3　相続の放棄があったことから相続人ではありませんが、被相続人の一親
　　　　等の血族であることから、相続税額の2割加算の規定の適用はありません
　　　　（相法18①）。

　相続税の計算においては、長男は相続の放棄をしていますが、生命保
険金は相続の放棄があっても受取ることができ、かつ、相続時精算課税
によって受けた贈与財産は、贈与を受けたときの価額で父の相続財産に
加算して相続税が課税されることになります。

　一方、相続の放棄がなかった場合、長男が受取った生命保険金につい
て非課税規定の適用を受けることができます。その結果、相続税の総額
は400万円少なくなりますが、長男は、長女から遺留分侵害額の請求を
受けて遺留分相当額を支払うことになると、相続税を控除した残額は
17,002万円（24,500万円＋1,000万円－3,625万円－4,873万円）となります。
　相続の放棄があった場合には、相続税を控除した残額は19,412万円
（25,500万円－6,088万円）となることから、長男の相続を重視すれば、相
続の放棄をすることが有利な選択となります。

⑥　相続の放棄による相続分の異動と相続の順位の変動

　相続人が相続放棄をした場合には、相続権を失うため、遺留分も有し
ないことになり、代襲相続も生じません（民法901①、887②③）。その
ため、妻と子2人が相続人である場合には、一方の子のみが相続放棄し
た場合、もう一方の子の法定相続分や遺留分割合は2倍となります。

　また、子1人と直系尊属がいた場合に、子が相続の放棄をした場合、
相続の順位が変動し、直系尊属が相続人となり遺留分権利者となります。

設例1：相続分の異動

1　**被相続人**　父（令和5年3月死亡）
2　**相続人**　長男・二男・長女
3　**相続の放棄**　長女は相続の放棄をした
4　**相続分及び遺留分の割合**

相続人	相続割合（民法）		遺留分の割合		相続税法
	相続の放棄なし	長女が相続放棄	相続の放棄なし	長女が相続放棄	法定相続分（※）
長男	1/3	1/2	1/6	1/4	1/3
二男	1/3	1/2	1/6	1/4	1/3
長女	1/3	－	1/6		1/3

（※）　相続の放棄があってもなかったものとした場合における相続人の数とされます（相法15②）。

【設例2：相続の順位の変動】

1　**被相続人**　父（令和5年3月死亡）
2　**相続人**　母・長男。なお、父の父母は既に死亡し、父には弟がいる
3　**相続の放棄**　長男は相続の放棄をした
4　**相続分及び遺留分の割合**

相続人	相続割合		遺留分の割合		相続税法
	相続の放棄なし	長男が相続放棄	相続の放棄なし	長男が相続放棄	（※1）法定相続分
母	1/2	3/4	1/4	（※2）1/2	1/2
長男	1/2	－	1/4	－	1/2
父の弟	－	1/4	－	－	－

（※1）　相続の放棄があってもなかったものとした場合における相続人の数とされます（相法15②）。
（※2）　遺留分権利者が配偶者のみとなり、総体的遺留分1/2が配偶者の遺留分となります。

なお、明らかに債務超過の相続であっても、相続放棄をすると次順位の相続人が相続人となり、その相続人に再度相続の放棄という手続をしてもらう必要が生じる場合に、そのような迷惑をかけることを回避するために、限定承認を選択することも考えられます。

(8) 被相続人の存命中にした相続放棄の効力

民法上、相続は、死亡によって開始すると規定され（民法882）、相続の放棄は、一種の要式行為で、相続開始後の放棄しか認められていません（民法915、938）ので、生前中の相続放棄の契約は、無効で、何ら法的効力がないことになります。

民法では、相続発生後、相続人が家庭裁判所に放棄する旨を申述しなければ単純相続したものとみなしています。つまり、自己のために相続の開始があったことを知った時から3か月以内に、相続人が相続を放棄する旨を家庭裁判所に申述しなければ、単純承認ということになります（民法915、921二、938）。

そのことから、被相続人の存命中に相続の放棄をすることに同意した場合であっても、相続財産を相続するときには、相続放棄の手続をしていなければ、当然に法定相続分は相続できることになります。仮に、共同相続人から生前に「相続放棄すると同意したのであるから、相続財産は渡さない」などと主張されたときには、裁判所に調停または訴えを提起して相続分を確保するのがよいと思われます。

2. 相続の放棄による相続順位の変動

(1) 相続順位の変動

独身の子が死亡し、その子に子がいない場合には、第二順位の直系尊属（父又は母）が相続人となりますが、父母が相続の放棄をすると、第

三順位の兄弟姉妹が相続人となります。

　このような相続の放棄が行われることによって、父又は母の相続の際の相続税の負担軽減につながることもありますので、慎重に判断しなければなりません。

設　例

1　被相続人　長男（令和5年3月死亡）

2　相続人　父（令和5年8月死亡）1人
　なお、長男には、妹（甲）と弟（乙）がいる。

3　長男の相続財産　その他の財産　12,000万円

4　父固有の相続財産　現預金　20,000万円

5　相続の放棄と遺産分割
　父が相続の放棄をした場合には、長男の相続財産は甲と乙がそれぞれ1/2ずつ相続する。

6　父の相続の遺産分割
　甲と乙がそれぞれ1/2ずつ相続する。

7　相続税の計算

(1)　長男の財産を父が相続した場合　　　　　　　　　　　（単位：万円）

	長男の相続	父の相続	
	父	甲	乙
その他の財産	12,000	（※1）5,090	（※1）5,090
現預金	－	10,000	10,000
課税価格	12,000	15,090	15,090
相続税の総額	1,820	6,992	
各人の算出税額	1,820	3,496	3,496
相次相続控除	－	（※2）△910	（※2）△910
納付税額	1,820	2,586	2,586
合計税額	6,992		

※1　（12,000万円－1,820万円）×1/2＝5,090万円

※2　1,820万円×100/100×（15,090万円÷30,180万円）×10年＝910万円

(2) 父が相続放棄した場合　　　　　　　　　　　　　　（単位：万円）

	長男の相続		父の相続	
	甲	乙	甲	乙
その他の財産	6,000	6,000	－	－
現預金	－	－	10,000	10,000
課税価格	6,000	6,000	10,000	10,000
相続税の総額	（※1）1,820		3,340	
各人の算出税額	910	910	1,670	1,670
相続税額の二割加算	（※2）182	（※2）182	－	－
納付税額	1,092	1,092	1,670	1,670
合計税額	5,524			

※1　相続税の基礎控除額の計算（相法15②）及び相続税の総額の計算（相法16）は、父の相続の放棄がなかったものとした相続人の数（1人）によって計算されます。

※2　甲及び乙は、配偶者及び一親等の血族以外の者であることから、相続税額の二割加算の対象者となります（相法18①）。

　この設例の場合、父が相続の放棄をすることで、長男及び父の通算相続税は軽減されることになります。

(2) 相続人全員が相続の放棄をした場合

　相続人の存在、不存在が明らかでないとき（相続人全員が相続放棄をして、結果として相続する者がいなくなった場合も含まれます。）には、家庭裁判所は、利害関係人又は検察官等の申立てにより、相続財産清算人を選任します（民法952①）。

　相続財産清算人は、被相続人の債権者等に対して被相続人の債務を支払うなどして清算を行い、清算後残った財産を国庫に帰属させることになります。

　しかし、特別縁故者（被相続人と特別の縁故のあった者）に対する相続財産の分与がなされる場合もあります。

　相続財産清算人の選任申立ては、被相続人の最後の住所地の家庭裁判所に、利害関係人（受遺者（包括・特定）、被相続人の債権者又は債務者、相続財産上の担保権者、特別縁故者など）又は検察官が行うこととされていますが、誰も申立てをしないからといって相続放棄をした元相続人が申立てをする必要はありません。

　また、相続財産清算人選任の申立ては、実費や相続財産清算人への報酬の担保として数十万円以上の予納金が必要とされ、その手続が完了するまでに長期間を要することもあることから、プラスの財産が残っていても申立てされないことも多いのが実情です。

　なお、令和3年の民法改正によって、「相続財産の管理人」の名称が「相続財産の清算人」に改正され、相続財産の清算に要する期間が長期化し、必要以上の手続が重くなっている現状を改善するために、相続財産清算人の選任の公告と相続人捜索の公告を統合して一つの公告で同時に行う（民法952②）とともに、これと並行して、相続債権者等に対する請求の申出をすべき旨の公告を行うことを可能とすることとしました（民法957）。

　この改正によって、権利関係の確定に最低必要な期間を合計6か月へと短縮することになります。

　この改正は、令和5年4月1日から施行されています。

● 改正前

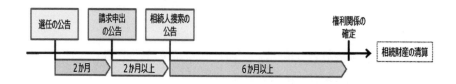

● 令和5年4月1日以後

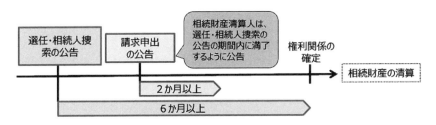

（出典：令和3年民法・不動産登記法改正のポイント　法務省民事局）

● 相続財産清算人選任の申立てに必要な書類

　家庭裁判所に対する利害関係人からの相続財産清算人選任申立てに必要な書類は、以下のようなものとされています。

必要書類	申立先
申立書（家庭裁判所備え付けの用紙）	被相続人の最後の住所地の家庭裁判所
申立人の戸籍謄本及び住民票	
相続人の不存在を証する資料（被相続人の出生時から死亡時までのすべての戸籍（除籍、改製原戸籍）謄本、被相続人の父母の出生時から死亡時までのすべての戸籍（除籍、改製原戸籍）謄本など、又は相続人全員が相続放棄をして相続人不存在となった場合には相続放棄申述受理証明書）	
被相続人の住民票の除票	
申立人の利害関係を証する資料（相続債権者であれば、借用証書の写し、特別縁故者の場合には、被相続人と生計を同じくしていたのであれば住民票（※））	
申立時に判明している相続財産を全て記載した相続財産目録（不動産がある場合は、登記簿謄本、預貯金については、通帳の写し）	
財産管理人の候補者がある場合にはその住民票又は戸籍附票	

（※）　住民票が別になっていたり、同居はしていないという場合は何らかの方法で被
　相続人と関係があったことを示す書類等の証拠が必要です。具体的には、故人と
　の生前の関わりについては、故人との間で交わした手紙やメール、療養看護を行
　った際に病状等を記録した日記や手帳、故人と一緒に撮った写真や動画、故人の
　入院費や食費等を負担した際の領収証など。
　　また、死後の関わりについては、死亡診断書、埋火葬許可証、葬儀会社と交わ
　した書類一切、死後の入院費を負担した際の領収証、喪主として葬儀を主宰した
　ことが分かる資料、四十九日や納骨その他仏事に際して支出した費用や、お布施
　に関する資料等。

● 相続財産の管理人（清算人）選任等（相続人不分明）（認容）

年分	件数	年分	件数
平成21年度	11,931件	令和元年度	20,962件
平成22年度	13,050件	令和2年度	22,524件
平成23年度	14,632件	令和3年度	26,310件
平成24年度	15,722件		
平成25年度	16,714件		
平成26年度	17,313件		
平成27年度	17,401件		
平成28年度	19,072件		
平成29年度	20,424件		
平成30年度	20,146件		

（出典：最高裁判所「第3表:司法統計年報（家事編）」）

● 相続人不存在により国庫に帰属した金銭等

年　度	金　額（単位：千円）
平成26年度（決算額）	43,411,582
平成27年度（決算額）	42,063,983
平成28年度（決算額）	43,990,303

平成29年度（決算額）	52,638,657
平成30年度（決算額）	62,831,727
令和元年度（決算額）	60,464,486
令和２年度（見積額）	56,887,818
令和３年度（見積額）	58,644,957

（出典：最高裁判所　令和３年度歳入予算概算見積額明細表：雑収）

３．相続放棄と相続登記

被相続人が不動産を所有している場合に、その相続人が相続を放棄するときの相続登記は、以下のようになります。

⑴　他の共同相続人との関係

共同相続人の一部の者が相続を放棄し、相続を放棄しなかった他の共同相続人がその不動産を相続してその所有権を取得する場合、所有権移転登記手続が必要となります。

この場合には、相続放棄をした者の「相続放棄申述受理証明書」を添付して手続を行います。

⑵　法定相続分どおりの相続登記がされていた場合

相続開始後、相続放棄の申述が受理されるまでの間に、共同相続人の１人が共同相続人全員のために法定相続分どおり相続登記を申請して、その登記がなされている場合に、その後に共同相続人の１人の相続放棄の申述が受理されたときは、相続登記を訂正することになります。この場合には、更正登記ではなく、登記原因を「相続の放棄」として持分移転の登記によることになります。

４．相続の放棄があっても取得することができる財産

　相続の放棄があっても、取得することができる財産には、以下のようなものがあります。

⑴　生命保険金や退職手当金など

　死亡保険金及び死亡退職金などの財産については、受取人固有の財産であることから、相続の放棄をした人でも、死亡保険金などを受け取ることができます。

　また、保険料負担者以外の者が保険契約者となっている場合に、保険料負担者が死亡したときは、生命保険契約に関する権利を保険契約者が遺贈によって取得したものとみなされ、その保険契約者が相続の放棄をしても保険契約者としての地位の変更はありません。

⑵　遺族年金

　公的年金に加入している方が亡くなったときに、その家族に支給されるのが遺族年金です。遺族年金は、遺族がその固有の権利に基づいて受給するもので、相続財産には含まれません。よって、相続放棄をした場合でも、遺族年金を受け取ることができます。

⑶　未支給年金

　未支給年金請求権については、死亡した受給権者に係る遺族が、未支給年金を自己の固有の権利として請求するものですので、相続放棄をした場合でも、未支給年金を受け取ることができ、死亡した受給権者に係る相続税の課税対象にはなりません。

　なお、遺族が支給を受けた未支給年金は、遺族の一時所得に該当します。

⑷　特別縁故者として財産分与を受けることができる

相続の放棄をした結果、相続人がいなくなったような場合に、相続放棄した者も、特別縁故者として財産分与の申立ができます。相続放棄したことは、特別縁故者になる障害になりません。その場合、どのくらいの遺産が与えられるかについては、「残存すべき相続財産の全部又は一部を与えることができる（民法958の３①）」と規定されていて、裁判例（神戸家裁尼崎支部：平成25年11月22日審判）では、全遺産が与えられた例もあります。

⑸　墓地などの祭祀財産

民法897条では、「系譜、祭具及び墳墓の所有権は、（…）慣習に従って祖先の祭祀を主宰すべき者が承継する。ただし、被相続人の指定に従って祖先の祭祀を主宰すべき者があるときは、その者が承継し、慣習が明らかでないときは、その権利を承継すべき者は、家庭裁判所が定める。」としています。

墓地などの祭祀財産は、一般の相続財産とは別個に承継されるものとされていることから、これらは相続財産に属さないこととされています。

５．相続の放棄による相続税の課税関係

相続税法上、「相続を放棄した人」とは、（自己のために）相続の開始があったことを知った時から３か月以内に家庭裁判所に相続の放棄の申述をし、受理された人のことをいいます。相続の放棄の申述をしないで、事実上、相続により財産を取得しなかった人はこれに該当しません。

家庭裁判所で相続の放棄の申述が受理された場合、その者は初めから相続人とならなかったものとみなされます。そのため、相続税法上も「相続人」でなくなることから課税上の不利益が生じることがあります。

相続の放棄があった場合の主な相続税の課税関係は、以下のようになります。

(1)　相続の放棄があった場合に影響を受ける制度

　被相続人の債務の承継を回避するために相続の放棄をすることがあります。

　しかし、相続の放棄があった場合に、相続税法上不利益となる規定には以下のようなものがあります。そのため、相続の放棄を行うか否かについて慎重に判断しなければなりません。

①　生命保険金及び退職手当金の非課税制度

　　相続人が受取った保険金及び退職手当金については、一定の非課税規定の適用を受けることができるとしています。そのため、相続の放棄をした者は相続人ではないことから非課税規定の適用を受けることができません（相法3①一・二、相基通12－8、12－10）。

②　代襲相続人の二割加算

　　一親等の血族である者が相続又は遺贈によって財産を取得した場合や、被相続人の直系卑属が相続開始以前に死亡したときなどで、代襲して相続人となった者（民法887②）は相続税額の二割加算の対象者に該当しないこととされています。

　　しかし、代襲相続人が相続の放棄をすると、「相続人」ではないことから相続税額の二割加算の対象者となります（相法18①）。

③　相次相続控除

　　相次相続控除は、今回の相続開始前10年以内に被相続人が相続、遺贈や相続時精算課税に係る贈与によって財産を取得し相続税が課

されていた場合には、その被相続人から相続、遺贈や相続時精算課税に係る贈与によって財産を取得した人の相続税額から、一定の金額を控除します。

相次相続控除の規定は、相続人が相続により財産を取得した場合に適用されることから、家庭裁判所に申述して相続の放棄があった場合には、相続人ではないため、この規定の適用を受けることはできません（相法20、相基通20-1）。

○相次相続控除とは （相次相続控除のイメージ図、例示）

第1次相続（祖父から父への相続税）　　第2次相続（父から子への相続税の申告）
（前提：父が相続し、相続税が課税された場合）　　【相次相続控除】の適用

祖父　⟹　父　⟹　子

祖父が平成24年7月死亡　　父が令和4年6月死亡　　※相続人が相続財産を取得

この期間が10年以内であること

祖父の死亡の日　　　　　　　　　　父の死亡の日
平成24年7月1日　　　　　　　　　令和4年6月15日

【相次相続控除】の制度の概要
相続税の負担が過重とならないよう、前回の相続税額のうち、一定の相続税額（1年につき10%の割合で逓減した後の金額）を控除しようとするもの
（例示の場合：父の相続税の一定額を子の申告する相続税額から控除）

（出典：国税庁タックスアンサー№4168）

設例

1　**被相続人**　母（令和5年3月死亡）
2　**相続人**　長男、長女
3　**相続財産**　その他の財産　30,000万円
4　**相続時精算課税贈与**
　　長女は、母から令和3年に相続時精算課税贈与によって10,000万円

の贈与を受け、1,500万円の贈与税を支払っている。

5　母の兄から相続

母は、令和4年5月に死亡した兄から10,000万円を相続し、相続税1,600万円を納税した。

6　相続の放棄

長女は、相続の放棄を検討（以下の①又は②）している。

(1)　家庭裁判所に申述して相続の放棄をする。

(2)　遺産分割協議に参加して遺産を相続しないこととする遺産分割協議書に署名・押印する。

7　相続税の計算

（単位：万円）

	家庭裁判所に申述して相続放棄		事実上の相続の放棄	
	長男	長女	長男	長女
その他の財産	30,000	－	30,000	－
相続時精算課税適用財産の価額	－	10,000	－	10,000
課税価格	30,000	10,000	30,000	10,000
相続税の総額	10,920	10,920		
各人の算出税額	8,190	2,730	8,190	2,730
相次相続控除額	（注1）△1,200	（注2）－	△1,200	△400
相続時精算課税分の贈与税額控除	－	△1,500	－	△1,500
納付税額	6,990	1,230	6,990	830

（※）1　1,600万円×100/100（＊）×（30,000万円÷40,000万円）×10年÷10年＝1,200万円

＊　40,000万円÷（10,000万円－1,600万円）⇒100/100を超える　∴100/100

（※）2　長女は相続の放棄をしたことから、相続人ではないので、相次相続控除の適用を受けることはできません。

相続開始から3か月以内に家庭裁判所に申述して行うのが法的な意味での相続の放棄ですが、相続実務では、法的な手続をせずに、遺産分割協議に加わった上で、相続財産をまったく取得しないなどとする、いわ

ゆる事実上の相続の放棄も行われています。

このような事実上の相続の放棄は、被相続人の債務に関する取扱いを除き、法的手続による相続の放棄と同様の効果が得られるため、相続人間でトラブルがない限り、現実的な方法といえます。

そのような場合に、この設例では事実上の相続の放棄を選択すれば、長女は相続人として相次相続控除の適用を受けることができます。

④　債務控除

相続を放棄し相続人ではない者については、債務控除の適用を受けることはできません（相法13）。しかし、葬式費用については、被相続人の債務でないことと、被相続人の近親者が負担することになるケースが多いことから、実務の取扱いでは、相続の放棄をした者でも、葬式費用を負担した場合においては、その負担額は、その者の遺贈によって取得した財産（たとえば、生命保険金など）の価額から債務控除することができます（相基通13－1）。

⑵　相続を放棄した者が生命保険金の受取人の場合

①　子が受取人である場合

被相続人の死亡によって取得した生命保険金や損害保険金で、その保険料の全部又は一部を被相続人が負担していたものは、相続税の課税対象となります。

受取人が被保険者の相続人であるときは、相続により取得したものとみなされ、相続人以外の者が受取人であるときは遺贈により取得したものとみなされます。

この死亡保険金の受取人が相続人（相続を放棄した人や相続権を失った人は含まれません。）である場合、すべての相続人が受け取った保険金の合計額が次の算式によって計算した非課税限度額を超

えるとき、その超える部分が相続税の課税対象になります（相法12
①五）。

$$500万円 \times 法定相続人の数（※）= 非課税限度額$$

※ 法定相続人の数は、相続の放棄をした人がいても、その放棄がなか
ったものとした場合の相続人の数をいいます。また、法定相続人の中
に養子がいる場合、法定相続人の数に含める養子の数は、実子がいる
ときは1人、実子がいないときは2人までとなります。

なお、相続を放棄した者は相続人ではないため、取得した死亡保険金
について、非課税の適用を受けることはできません。

設 例

1 **被相続人** 父（令和5年3月死亡）
2 **相続人** 母・長男・二男・長女（家庭裁判所で相続の放棄をした）
　父の死亡により、次のような3つの生命保険契約に基づき、死亡保
険金が受取人に支払われた。この場合、相続税の課税価格に算入され
る生命保険金等の金額は、いくらか。

	生命保険A	生命保険B	生命保険C
契約者	父	父	父
被保険者	父	父	父
保険料負担者	父　2,400万円 母　1,600万円	父　　600万円 二男　1,200万円	父　全額
受取人	長男　5,000万円	二男　3,000万円	長女　2,000万円

3 **解説**
　生命保険金等に対する課税は、保険契約者により考えるのではなく、
保険料の実質負担者により判断します。払込保険料の総額うち、被相
続人が負担していた保険料に対応する金額は、相続税が課税されます。
(1) **相続税が課税される生命保険金等**
　① 生命保険A　長男が相続したものとみなされる生命保険金等

$$5,000万円 \times \frac{2,400万円}{2,400万円 + 1,600万円} = 3,000万円$$

(注) 母が負担した保険料に対応する生命保険金2,000万円については、母から長男へ贈与があったものとみなして、贈与税が課されます。

② 生命保険B　二男が相続したものとみなされる生命保険金等

$$3,000万円 \times \frac{600万円}{1,200万円 + 600万円} = 1,000万円$$

(注) 二男が負担した保険料に対応する生命保険金2,000万円については、自らが保険料を負担していた保険契約となり、所得税（一時所得）が課されます。

③ 生命保険C

長女が相続したものとみなされる生命保険金等2,000万円（相続の放棄があったものの、生命保険金等は父の相続財産ではないので、受取人（長女）固有の財産として受取ることができます。）には、相続税が課されます。

(2) 生命保険金等の非課税金額

すべての相続人が受け取った生命保険金等の合計額が生命保険金等の非課税限度額を超えるため、受け取った生命保険金等の割合に応じて、非課税限度額をあん分します。

① 非課税限度額：500万円 × 4 人（法定相続人の数）= 2,000万円

② 相続人が受取った生命保険金等：3,000万円 + 1,000万円 = 4,000万円

③ 長男の非課税金額

$$2,000万円 \times \frac{3,000万円}{3,000万円 + 1,000万円} = 1,500万円$$

④ 二男の非課税金額

$$2,000万円 \times \frac{1,000万円}{3,000万円 + 1,000万円} = 500万円$$

(※) 長女は、相続の放棄をしているので相続人ではないことから、長女が受取った生命保険金等は非課税財産とはなりません。

(3) 相続税の課税価格に算入される生命保険金等の額

① 長男　3,000万円 − 1,500万円 = 1,500万円

② 二男　1,000万円 − 500万円 = 500万円

③ 長女　2,000万円

②　配偶者が受取人の場合

　配偶者が相続放棄をした場合でも、生命保険金は受取人固有の財産であることから、相続の放棄の効果は及びません。そのため、相続の放棄があっても生命保険金は受け取ることができます。この場合、遺贈によって取得したものとみなして相続税の課税対象となります。

　しかし、相続人でない者が受取った死亡保険金については、非課税規定の適用を受けることができません。一方、配偶者の税額軽減の規定は、「配偶者が相続又は遺贈によって取得した財産」についてはこの規定の適用を受けることができるとしています（相基通19の2-3）。

　そのため、配偶者が受取った死亡保険金のみが相続財産の場合、法定相続分又は1億6,000万円のいずれか多い金額以下であれば、配偶者の税額軽減の規定の適用を受けることで納付すべき相続税額はないことになります。

③　相続の放棄によって次順位の者が相続人となった場合

　たとえば、尊属（父母など）が相続人である場合に、尊属が全員相続の放棄をしたことで、被相続人の次順位の兄弟姉妹が相続人となります。

　この場合に、被相続人が保険料負担者で、かつ、被保険者の場合に、兄弟姉妹が保険金受取人であるときは、兄弟姉妹が受け取った生命保険金は、相続人が受け取った保険金となり、相続により取得したものとみなされ（相法3①一）、生命保険金の非課税控除の適用を受けることができます（相法12①五）。

　しかし、兄弟姉妹は、配偶者及び一親等の血族でないことから、相続税額の2割加算の規定が適用されます（相法18）。

コラム **相続の放棄と次順位の相続**

　被相続人の死亡によって相続人が受け取った生命保険契約の保険金のうちで、被相続人が負担した保険料に対応する金額については、その相続人が相続によって取得した財産とみなされますが、このような保険金に係る一定の非課税金額の計算をする場合での「相続人」とは、民法に規定する相続人をいいますので、相続の放棄をした者や相続権を失った者は除かれることになります。

　そのため、相続の放棄があった場合に、次順位の者が相続人となるときの生命保険金の非課税金額の計算は以下のようになります。

設例

1　**被相続人**　甲（令和5年3月死亡）
2　**甲の家族**　甲の妻、甲の母、甲の兄、甲の妹
3　**相続の放棄**　甲の母は家庭裁判所において相続の放棄を行った
4　**死亡保険金**
　　2,000万円（受取人：妻800万円、母600万円、兄400万円、妹200万円）
5　**非課税の金額の計算**
　①　死亡保険金の非課税限度額の計算　500万円×2人（妻と母）＝1,000万円
　②　各相続人が取得した保険金の合計額（母が相続放棄したことで、妻、兄、妹が相続人となる。）
　　800万円＋400万円＋200万円＝1,400万円
　③　各人の非課税金額の計算
　　妻：1,000万円×800万円÷1,400万円≒571万円
　　兄：1,000万円×400万円÷1,400万円≒286万円
　　妹：1,000万円×200万円÷1,400万円≒143万円
6　**各人の課税価格に算入される死亡保険金の金額**
　　妻：800万円－571万円＝229万円
　　兄：400万円－286万円＝114万円
　　妹：200万円－143万円＝57万円

　なお、母は相続を放棄したことから相続人ではないので生命保険金の非課税規定の適用を受けることはできませんが、甲の一親等の血族に該当することから相続税額の二割加算の規定の適用はありません

（相基通18－1）。

　一方、兄及び妹は相続人に該当し生命保険金の非課税規定の適用を受けることはできますが、甲の一親等の血族以外の者であることから相続税額の二割加算の対象となります（相法18①）。

(3)　相続放棄と相続時精算課税の適用関係

①　相続税額の2割加算

　代襲相続人が相続時精算課税によって贈与を受けていた場合に、相続の放棄をすると相続人ではなくなり、その効果は相続開始時に遡ることとされています。しかし、相続開始の時において被相続人の一親等の血族（代襲相続人を含みます。）に該当しない相続時精算課税適用者の相続税額のうち、被相続人の一親等の血族であった期間内に被相続人から贈与により取得した相続時精算課税の適用を受ける財産の価額に対応する相続税額は2割加算の対象となりません（相法21の15②、21の16②、相令5の3）。

②　相続時精算課税贈与についての贈与税の申告書の提出不要

　相続時精算課税の選択ができるのは、推定相続人とされていて（相法21の9①）、この推定相続人とは、贈与をした日現在においてその贈与をした者の最先順位の相続権を有する者をいい、推定相続人であるかどうかの判定は、贈与をした日において判定することとされています（相基通21の9－1）。

　そのため、相続開始の年において、被相続人から贈与により財産を取得した者が相続の放棄をした場合でも、その被相続人から相続又は遺贈により財産を取得していないときに、相続時精算課税の適用を受ける場合には、相続又は遺贈による財産の取得の有無にかかわらず、その年の贈与税の課税価格に算入されることになります（相法21の10）。

　しかし、相続開始の年において相続時精算課税の適用を受ける場合の贈与税の課税価格については、「法第21条の10の規定により、当該贈与により取得した財産の価額は、贈与税の課税価格に算入されるが、法第28条第４項の規定により贈与税の申告書の提出を要しない。」（相基通21の２－３(2)）とされています。

　そして、当該贈与税の課税価格に算入される財産の価額は、相続税の課税価格に加算され、その加算した価額をもって相続税の課税価格とする（相法21の15）ことになります。

③　相続時精算課税選択届出書の提出

　相続時精算課税の適用を受けようとする者は、相続時精算課税選択届出書を提出しなければならない（相法21の９②）とされ、当該届出書を提出した年分以後の贈与については、相続時精算課税の適用を受けることになります（相法21の９③）。

　贈与者が贈与をした年の中途において死亡した場合において、受贈者が相続開始の年の前年以前の年分において相続時精算課税選択届出書を提出していない（相続時精算課税の適用を受けていない）者である場合に、受贈者がその財産の贈与についてこの相続時精算課税の適用を受けるためには、「相続時精算課税選択届出書」を提出しなければなりません。

　この届出書の提出先及び提出期限については、被相続人（贈与者）に係る相続税の申告書の提出期限前に、受贈者に係る贈与税の申告書の提出期限が到来する場合は、受贈者に係る贈与税の申告書の提出期限までに、被相続人（贈与者）に係る相続税の納税地の所轄税務署長に提出することとされています（相令５③④、相基通21の９－２）。

● 贈与者が贈与をした年の中途で死亡した場合の相続時精算課税の取扱い

贈与年月日	死亡年月日	相続税の 申告期限	贈与税の 申告期限	選択届出書 提出期限
令和5年2月1日	令和5年3月11日	令和6年1月11日	令和6年3月15日 （申告不要）	令和6年1月11日
	令和5年12月2日	令和6年10月2日		令和6年3月15日

⑷　相続放棄と農地等についての相続税の納税猶予

　農地等についての相続税の納税猶予の適用を受けられる農業相続人は、被相続人の相続人で、一定の要件に該当することにつき農業委員会が証明した者に限られています。

　そこで、農業を営む長男が死亡し、長男には配偶者も子もいない場合で、相続人は母一人であるときには、母は、農業従事者である二男に財産を引き継がせることを目的として、民法の規定に従い長男の死亡したことを知った時から3か月以内に相続の放棄をし、二男が農地等を相続したときは、二男は相続人に該当し、農地等についての相続税の納税猶予の特例の適用を受けることができます（措法70の6①）。

　また、納税猶予の適用を受けることができる農地等には、①贈与者の死亡により、贈与税の免除を受けた受贈者が相続の放棄をした場合における当該贈与税の納税猶予の適用を受けていた農地等、又は②相続開始の年に被相続人（贈与者）から贈与により取得した農地等（贈与税の納税猶予の適用要件を満たす生前一括贈与により取得したものに限られます。）が含まれていて、これらの農地等は、それぞれ被相続人から遺贈により取得したものとみなされて、相続税の納税猶予の適用対象となります（措法70の5①、70の6①、措令40の7④）。

　そのため、農地等についての贈与税の納税猶予を受けている者が、相続の放棄をしたため相続人に該当しない場合であっても、その者が生前

贈与により取得した農地等が相続税の課税対象に取り込まれるときには、相続税の納税猶予の適用を受けることができる相続人に該当すると解され、相続の放棄をしたため相続人に該当しない者であっても、相続税の納税猶予の適用対象となる「相続人」に該当するものとして取り扱うこととされています（措通達70の6－7）。

設　例

1　**被相続人**　長男（令和5年3月死亡）
2　**相続人**　母。母が相続の放棄をした場合の相続人は二男（農業従事者）
3　**相続財産**　農地等及びその他の財産
4　**相続の放棄**　母は家庭裁判所で相続の放棄の申述をし、受理された
〈**相続の放棄の効果**〉
　母が相続の放棄をしたことにより、相続の順位が代わり、二男が相続人となる。そのことによって二男が相続した農地等について、相続税の納税猶予の適用を受けることが可能となります。

⑸　債務超過であっても相続を放棄しないことが有利な事例

　相続の放棄をすると初めから相続人でなかったものとみなすことから、被相続人のすべての財産（債務を含みます。）を取得しないこととなります。

　しかし、相続人が相続時精算課税による贈与を受けていた場合には、その贈与によって取得した財産は、遺贈によって取得したものとみなして相続税が課されます。そのため、被相続人の財産が債務超過である場合には、相続の放棄をしなかったら相続税の計算において債務を控除することができることから、手残りの金額を計算すると相続の放棄をしないことが有利な場合もあります。

そのことを設例で確認してみます。

設　例

1　被相続人　父（令和5年3月死亡）
2　相続人　長男
3　相続財産
　①　土地　10,000万円（相続税評価額、取得費14,500万円）
　②　借入金　15,000万円
4　生前贈与
　　長男は、父から平成20年に相続時精算課税によって不動産20,000万円の贈与を受け、3,500万円の贈与税を納付している。
5　相続財産である土地の譲渡価額　14,000万円
6　相続税の計算　　　　　　　　　　　　　　　　　　（単位：万円）

	相続の放棄をしない場合	相続の放棄をした場合
土地	10,000	－
相続時精算課税適用財産	20,000	20,000
借入金	△15,000	－
課税価格	15,000	20,000
算出相続税額	2,860	4,860
贈与税額控除	△3,500	△3,500
納付税額	△640	1,360
土地譲渡による債務の残額	（※）1,000	－
負担が必要な金額	360	1,360

※　土地を譲渡したことによる債務の残額　15,000万円－14,000万円＝1,000万円
　　土地の譲渡に係る譲渡税は、譲渡収入金額よりも取得費が高いことから譲渡税は課されません。

　この設例の場合、相続の放棄をしない方が、1,000万円負担が少なくなります。

⑹ 包括受遺者が財産を取得しない場合の課税関係

　被相続人の遺言で、長男及び長女にそれぞれ1/4を相続させ、長男の子及びその配偶者にそれぞれ1/4を遺贈するとした遺言書を残していたとします。この遺言は、長男及び長女に対する相続分の指定と、長男の子及びその配偶者に対する包括遺贈であると理解することができます。

　被相続人は、遺言により、相続人に対する法定相続分とは異なる相続分（指定相続分）を定めることができ（民法902）、この指定相続分は、法定相続分に優先して適用されます。また、被相続人は、相続人以外の者に対しても、遺産の一定割合を包括して遺贈（包括遺贈）することもできます。

　包括遺贈については、遺言者（被相続人）の財産上の権利義務を包括的に承継することから、相続人が有する相続分と類似するので、民法は、包括受遺者は相続人と同一の権利義務を有する旨規定しています（民法990）。

　受遺者は、遺言者の死亡後いつでも遺贈の放棄をすることができます（民法986）。

　しかし、この遺贈の放棄は、特定遺贈についての規定と解されていますので、包括遺贈には適用されず、包括受遺者が対象財産の取得を望まない場合は、相続放棄の手続により放棄を行わなければなりません（民法990、915）。

　そのため、包括受遺者は、自己のために包括遺贈があったことを知った時から3か月以内（熟慮期間）に、家庭裁判所への申述により放棄の手続をする必要がありますが、既にその期間が経過していると、適法な放棄を行うことはできず、包括遺贈を承認したものとみなされます。

　しかし、包括受遺者は、相続人と同一の権利義務を有する（民法990）

ことから、共同相続人と共に、遺産分割協議の当事者となります。そして、遺産分割協議では、各相続人の相続分の割合及び各受遺者の包括遺贈の割合を念頭に協議が行われますが、この協議が成立すると、分割した特定財産は、当事者各人に帰属することになります。

　したがって、受遺者の全員が遺産分割協議において、包括受遺者が遺産を取得せず、相続人がこれを取得することで合意すれば、合意したとおりの法的効果が生じることになります。

　なお、この遺産分割協議は相続手続ですから、取得財産の価額の割合が相続分又は包括遺贈割合を基に計算した価額と異なることとなっても、それによって、分割協議当事者間で新たな贈与が生じるわけではありません。

　それゆえ、遺産分割協議の結果に基づく財産取得がされても、相続人に対し贈与税が課されることはありません。

(7)　共同相続人の１人が自己の固有財産を与えるという条件で他の相続人に相続を放棄させた場合

　相続人が相続を放棄した場合には、その相続人は、初めから相続人とならなかったものとみなされる（民法939）ので、相続に関する権利はないことになります。

　そのため、相続を放棄した者に無償で財産を交付すると、その者に対して贈与税が課税されることになります。

　ただし、相続放棄をしないで、代償分割によって財産を取得した場合には、その財産は相続によって取得したものとして相続税が課税されることとなります。

(8)　相続の放棄があった場合でも相続税法が適用される場合

　相続の放棄があった場合でも相続税法が適用されるものには、以下の

ようなものがあります。

① 特別縁故者として財産分与を受けた場合

　相続人不存在の場合に、相続財産清算人による清算が行われた後に、特別縁故者が財産分与を受けたときには、分与を受けた財産は被相続人から遺贈によって取得したものとみなされ、相続税の課税の対象となります。被相続人の特別縁故者が、家庭裁判所の審判により民法958条の2の規定による相続財産の分与を受けた場合には、分与された時の時価に相当する金額を被相続人から遺贈によって取得したものとみなされます（相法4①）。

　ただし、このみなし遺贈について適用される基礎控除や税額計算等は、相続税法4条の規定が「被相続人から遺贈によって取得したものとみなす」とされているため、遺贈の時すなわち相続開始の時のものによると解されています。

● 特別縁故者に対する財産分与があった場合の相続税法の取扱い

	適用年分等
基礎控除及び相続税の税額計算	相続開始年の相続税法
財産の評価	分与されたとき（年）の価額
相続税の申告期限	審判確定日の翌日から10か月以内 （相法29①）

② 相続税法上の法定相続人の判定

　相続税の基礎控除額（相法15）を計算する場合の「法定相続人」の数は、相続の放棄をした人がいても、その放棄がなかったものとした場合の相続人の数をいいます。そのほか、相続税の総額の計算（相法16）、生命保険金や退職手当金の非課税限度額の計算（相法12

①）をする場合にも、同様にその放棄がなかったものとした場合の法定相続人をいいます。

③　相続税額の2割加算

　相続又は遺贈により財産を取得した者が被相続人の一親等の血族及び配偶者以外の者である場合には、その者に係る相続税額に100分の20に相当する金額を加算した金額とする（相法18②）とされています。

　一親等の血族が、相続の放棄をすると、初めから相続人とならなかったものとみなされます（民法939）が、血族としての身分関係が変動するわけではないので、相続税額を加算する必要はありません（相基通18−1）。また、配偶者もこの規定の適用上、相続人であることは要件とされていませんので、同様に相続税額を加算する必要はありません（相基通18−1）

④　配偶者に対する相続税額の軽減

　配偶者に対する相続税額の軽減の適用を受けられる者は、被相続人と婚姻の届出をした者であることが要件とされていますが、必ずしも被相続人の相続人であることは要件とされていません。そのため、配偶者が相続を放棄した場合であっても、配偶者が遺贈により取得した財産があるときは、配偶者に対する相続税額の軽減の適用を受けることができます（相法19の2、相基通19の2−3）。

　また、配偶者が相続の放棄をしても相続税額の2割加算の対象とはなりません（相基通18−1）。

設 例

1 **被相続人** 甲（令和5年3月死亡）
2 **相続人** 妻、長男及び先に死亡した長女の子乙
3 **遺産の額** 1億円
4 **相続の放棄** 妻と乙は家庭裁判所で相続の放棄の手続をした
5 **死亡保険金** 妻5,000万円、乙は1,000万円の死亡保険金（甲が保険料
のすべてを負担）を取得した

6 **相続税の計算** （単位：万円）

	相続の放棄があった場合			【参考】相続の放棄がなかった場合		
	妻	長男	乙	妻	長男	乙
財産	－	10,000	－	－	10,000	－
生命保険金	5,000	－	1,000	5,000	－	1,000
同上非課税金額	（※1）－	－	（※1）－	△1,250	－	△250
課税価格	5,000	10,000	1,000	3,750	10,000	750
相続税の総額	1,720			1,396		
各人の算出税額	538	1,075	107	361	963	72
相続税額の2割加算	－	－	（※2）21	－	－	（※3）－
配偶者の税額軽減	△538	－	－	△361	－	－
納付税額	0	1,075	128	0	963	72
合計税額	1,203			1,035		

（※）1 相続の放棄によって相続人ではなくなったことから、非課税規定の適用
を受けることができません。

（※）2 代襲相続人である乙は、相続の放棄をすると相続人ではないので、相続
税額の2割加算の対象者となります。

（※）3 代襲相続人である乙は、相続の放棄をしていないことから相続人となり、
相続税額の2割加算の対象者となりません。

⑤　**未成年者控除又は障害者控除**

　未成年者控除（相法19の３）は、その未成年者が満18歳（令和４年３月31日以前に開始した相続の場合には20歳）になるまでの年数１年につき10万円を、相続税の額から差し引きます。また、障害者控除（相法19の４）は、その障害者が満85歳になるまでの年数１年につき10万円（特別障害者の場合は20万円）で計算した額を、相続税の額から差し引きます。

　これらの規定は、相続や遺贈で財産を取得した人が法定相続人（相続の放棄があった場合には、その放棄がなかったものとした場合における相続人）であることなどが要件とされています（相基通19の３－１）ので、相続の放棄があってもその他の要件を満たす場合には、未成年者控除又は障害者控除の適用を受けることができます。

　なお、取得財産をゼロとする事実上の相続の放棄を行うと、未成年者（障害者）控除の規定は、未成年者（障害者）が相続財産を取得し、相続税の納税義務者となった場合に適用されることとされているので、財産をまったく相続しなかった場合には、未成年者（障害者）控除の適用を受けることができません。また、扶養義務者からの控除も認められないことに留意しておかなければなりません。

⑥　**相続開始前３年以内の生前贈与加算**

　相続又は遺贈によって財産を取得した者は、その被相続人から相続開始前３年以内に贈与を受けていた場合には、その贈与を受けた時の価額で相続財産に加算されることとされています。そのため、相続の放棄があってもその贈与財産は相続財産に加算され相続税が課されます（相法19）。

　なお、令和６年１月１日以後の贈与から生前贈与の加算期間が７

年に延長されます。

⑦　小規模宅地等の特例

　租税特別措置法69条の４③二（特定居住用宅地等）の「当該被相続人の配偶者」とは、被相続人と法律上の婚姻関係にある者をいい、被相続人の配偶者が相続放棄をした場合には、当該配偶者は、当該被相続人の相続に関して初めから相続人にならなかったものとみなされる（民法939）にすぎず、当該被相続人と配偶者との婚姻関係に影響を与えるものではないことから、被相続人と法律上の婚姻関係は、相続放棄により影響を受けるものではありません。

　そのため、配偶者が相続の放棄をしても、被相続人には配偶者がいたことになり、特定居住用宅地等の特例について、別居親族はこの特例を適用することはできません（平成31年３月29日裁決）。

　なお、配偶者が特定居住用宅地等を「死因贈与」によって取得した場合でも、小規模宅地等の特例の適用を受けることができます。死因贈与による取得は、遺贈による取得（措法69の２①）とされるからです。また、死因贈与を受け、かつ、相続の放棄をした場合、死因贈与の効力に影響が生ずるかという点については、相続債権者を害するような事例では、信義則上許されないことになると考えられます（以下の判決参照）。

平成10年２月13日　最高裁判決

　不動産の死因贈与の受贈者が贈与者の相続人である場合において、限定承認がされたときは、死因贈与に基づく限定承認者への所有権移転登記が相続債権者による差押登記よりも先にされたとしても、信義則に照らし、限定承認者は相続債権者に対して不動産の所有権取得を対抗することができない。

---

⑧　農地等についての相続税の納税猶予

　農地等についての相続税の納税猶予は、被相続人の相続人についてのみ適用することとされています（措法70の6①）。

　しかし、納税猶予の適用を受けることができる農地等には、①贈与者の死亡により、贈与税の免除を受けた受贈者が相続の放棄をした場合における当該贈与税の納税猶予の適用を受けていた農地等、又は②相続開始の年に被相続人（贈与者）から贈与により取得した農地等（贈与税の納税猶予の適用要件を満たす生前一括贈与により取得したものに限られます。）が含まれていて、これらの農地等は、それぞれ被相続人から遺贈により取得したものとみなされて、相続税の納税猶予の適用対象となります（措法70の5①、70の6①、措令40の7④）。

　そのため、農地等についての贈与税の納税猶予を受けている者が、相続の放棄をしたため相続人に該当しない場合であっても、その者が生前贈与により取得した農地等が相続税の課税対象に取り込まれるときには、相続税の納税猶予の適用を受けることができる相続人に該当すると解され、相続の放棄をしたため相続人に該当しない者であっても、相続税の納税猶予の適用対象となる「相続人」に該当するものとして取り扱うこととされています（措通基70の6－7）。

コラム　相続欠格と相続廃除

　相続欠格は、故意に被相続人や先順位・同順位の相続人を殺害した者や、遺言書を偽造した者など、重大な不正・非行行為をした者の相続権を否定して制裁を加える制度です。

　相続欠格は相続欠格事由に当てはまると、被相続人の意思に関係なく相続人の権利を失います（民法891）。

　相続欠格事由に該当した相続人は、裁判手続きなどを要せず、当然に相続権を失いますので、遺留分も認められません。また、欠格者は、遺贈を受けることもできなくなります（民法965）。

　相続人が相続欠格であるという事実は、戸籍に記載されることはありません。したがって、不動産登記の実務では、相続欠格者であることの立証がない限り、相続適格者として扱うこととなっています。相続登記を、相続欠格者を除いてする場合には、添付書類として、相続欠格者の作成した民法891条所定の欠格事由が存する旨を記した証明書（以下の見本参照）と相続欠格者の印鑑証明書、又は欠格事由を証する確定判決の謄本（確定証明書付き）を添付して行います。

　また、相続欠格の効果は、相続発生前に欠格事由に該当した場合にはそのときに、相続発生後に欠格事由に該当した場合には相続発生時に遡って効力が発生します。そして、欠格者に子（被相続人の直系卑属である場合に限ります。）がある場合には、その子が代襲相続人となります（民法887②、③）。この場合の代襲相続人である子は、遺留分権利者に該当します（民法1042）ので、遺留分の侵害がある場合には、遺留分侵害額を請求することができます。

　相続欠格事由に該当することが明らかになった時には既に欠格者が相続してしまっている場合には、真正な相続人は相続財産を取得した欠格者に対して相続回復請求（民法884）をすることになります。

　一方、相続廃除とは、遺留分を有する推定相続人が、被相続人に対して虐待をし、若しくは重大な侮辱を加えたとき、又は著しい非行があったときは、推定相続人の相続権を失わせることができます（民法892、887②）。廃除する方法には、「生前廃除」（被相続人が自ら家庭裁判所に廃除を請求する方法）（民法892）と、「遺言廃除」（被相続人が、その推定相続人を廃除する旨の内容の遺言を残し、相続が開始された後、遺言執行者が家庭裁判所に廃除を請求する方法）（民法893）があります。廃

除者に子（被相続人の直系卑属である場合に限ります。）がある場合には、その子が代襲相続人となります（民法887②、③）。

相続欠格と相続廃除の相違点は以下のとおりです。
①　相続欠格は不正・非行の程度が著しいなど、欠格事由があれば当然に相続権を失います（民法891）。被相続人の意思とは無関係で、被相続人の希望に基づく廃除と異なります。
②　被相続人が廃除された者に対して遺言で遺贈することは可能ですが、欠格者は遺贈を受けることも許されません（民法965、891）。
③　欠格者は戸籍に記載されませんが、廃除者は戸籍に記載されます（戸籍法97）。
④　相続欠格は取消しできませんが、相続廃除は取消すことができます（民法894）。

相続欠格証明書（見本）

　私、○○　○○は、被相続人○○　○○（令和5年2月1日死亡）の相続に関し、民法891条第○号に規定する欠格者に該当することを申述します。

以上のとおり、相違ないことを証明します。

令和5年4月3日

大阪市○○町○丁目○番○号

○○　○○　実印

なお、相続の欠格者の代襲相続人が複数いれば、相続税の基礎控除額などを計算する法定相続人の数が増加することから、相続税の軽減につながることがあります。

民法
第887条（子及びその代襲者等の相続権）
　1　被相続人の子は、相続人となる。
　2　被相続人の子が、相続の開始以前に死亡したとき、又は第891条の規定に該当し、若しくは廃除によって、その相続権を失ったときは、その者の子がこれを代襲して相続人となる。ただし、被

相続人の直系卑属でない者は、この限りでない。

3　前項の規定は、代襲者が、相続の開始以前に死亡し、又は第891条の規定に該当し、若しくは廃除によって、その代襲相続権を失った場合について準用する。

民法
第891条（相続人の欠格事由）

次に掲げる者は、相続人となることができない。

一　故意に被相続人又は相続について先順位若しくは同順位にある者を死亡するに至らせ、又は至らせようとしたために、刑に処せられた者

二　被相続人の殺害されたことを知って、これを告発せず、又は告訴しなかった者。ただし、その者に是非の弁別がないとき、又は殺害者が自己の配偶者若しくは直系血族であったときは、この限りでない。

三　詐欺又は強迫によって、被相続人が相続に関する遺言をし、撤回し、取り消し、又は変更することを妨げた者

四　詐欺又は強迫によって、被相続人に相続に関する遺言をさせ、撤回させ、取り消させ、又は変更させた者

五　相続に関する被相続人の遺言書を偽造し、変造し、破棄し、又は隠匿した者

民法891条5号に規定する「隠匿」については、もっぱら自らの利益を図るための隠匿のみが欠格事由にあたると限定解釈されています（最高裁：平成9年1月28日判決）。

最高裁：平成9年1月28日判決

相続人が相続に関する被相続人の遺言書を破棄又は隠匿した場合において、相続人の右行為が相続に関して不当な利益を目的とするものでなかったときは、右相続人は、民法891条5号所定の相続欠格者には当たらないものと解するのが相当である。

〈相続放棄に係る民法の主な規定〉

（相続の承認又は放棄をすべき期間）

第915条　相続人は、自己のために相続の開始があったことを知った時から３箇月以内に、相続について、単純若しくは限定の承認又は放棄をしなければならない。ただし、この期間は、利害関係人又は検察官の請求によって、家庭裁判所において伸長することができる。

2　相続人は、相続の承認又は放棄をする前に、相続財産の調査をすることができる。

第916条　相続人が相続の承認又は放棄をしないで死亡したときは、前条第１項の期間は、その者の相続人が自己のために相続の開始があったことを知った時から起算する。

第917条　相続人が未成年者又は成年被後見人であるときは、第915条第１項の期間は、その法定代理人が未成年者又は成年被後見人のために相続の開始があったことを知った時から起算する。

（相続の承認及び放棄の撤回及び取消し）

第919条　相続の承認及び放棄は、第915条第１項の期間内でも、撤回することができない。

2　前項の規定は、第１編（総則）及び前編（親族）の規定により相続の承認又は放棄の取消しをすることを妨げない。

3　前項の取消権は、追認をすることができる時から６箇月間行使しないときは、時効によって消滅する。相続の承認又は放棄の時から10年を経過したときも、同様とする。

4　第２項の規定により限定承認又は相続の放棄の取消しをしようとす

る者は、その旨を家庭裁判所に申述しなければならない。

（法定単純承認）

第921条　次に掲げる場合には、相続人は、単純承認をしたものとみな
す。

一　相続人が相続財産の全部又は一部を処分したとき。ただし、保存行
為及び第602条に定める期間を超えない賃貸をすることは、この限り
でない。

二　相続人が第915条第１項の期間内に限定承認又は相続の放棄をしな
かったとき。

三　相続人が、限定承認又は相続の放棄をした後であっても、相続財産
の全部若しくは一部を隠匿し、私にこれを消費し、又は悪意でこれを
相続財産の目録中に記載しなかったとき。ただし、その相続人が相続
の放棄をしたことによって相続人となった者が相続の承認をした後は、
この限りでない。

（相続の放棄の方式）

第938条　相続の放棄をしようとする者は、その旨を家庭裁判所に申述
しなければならない。

（相続の放棄の効力）

第939条　相続の放棄をした者は、その相続に関しては、初めから相続
人とならなかったものとみなす。

（相続の放棄をした者による管理）

第940条　相続の放棄をした者は、その放棄の時に相続財産に属する財
産を現に占有しているときは、相続人又は第952条第１項の相続財産

の清算人に対して当該財産を引き渡すまでの間、自己の財産における

のと同一の注意をもって、その財産を保存しなければならない。

2　第645条、第646条並びに第650条第1項及び第2項の規定は、前項

の場合について準用する。

第五章

限定承認

　相続の限定承認制度は、被相続人の遺した消極財産額が積極財産額を上回る場合、その債務超過額を相続人に承継させることは、相続人の相続開始後の生活の安定等に著しく障害となること等から、民法に設けられたものであるといわれています。

　限定承認は、相続人が相続によって得た積極財産の範囲内でのみ被相続人の債務及び遺贈を弁済することを留保して相続を承認する制度です（民法922）。これは、相続人は相続債務及び遺贈を弁済する義務を相続財産の限度で承継することを意味するのではなく、相続債務をすべて承継する一方、相続債権者に対して負う責任の範囲は相続財産の範囲に限定されることを意味するものです。

　限定承認があると、相続財産をもって相続債権者及び受遺者に弁済するため、一種の清算手続が行われることとなり、その一環として、限定承認をした相続人は、知れている相続債権者及び受遺者に対してその申出の催告をするとともに、官報に掲載する方法で全ての相続債権者及び受遺者に対して限定承認をしたこと及び一定の期間内にその請求の申出をすべき旨を公告すべきこととされています（民法927）。

　限定承認者は、かかる手続により、清算の対象となる相続債権者及び受遺者の氏名と相続債務の数額を正確に認識把握した上で、同期間の満了後に、相続財産をもってその期間内に申出た債権者その他知れている債権者に、配当弁済を行うこととなります（民法929）。

　期間内に申出をしなかった相続債権者及び受遺者であって限定承認者に知れなかった者は、かかる清算から除斥され、民法935条本文により、上記配当弁済後、残余財産があった場合に、その残余財産についてのみ権利行使ができることとなります。

　なお、限定承認があった場合でも、相続財産を超える分の債務等が消滅するわけではないので、限定承認後に新たな相続財産が発見されたときは、その限度で債務等を負担しなければなりません。

　限定承認を選択する事例では、①相続財産の内容が明らかではなく、債務超過か否か不明である場合、②被相続人が債務超過の状態が明らかな場合でも、相続財産のうちの特定財産（例えば自宅）を承継したいとき、③次順位の相続人に相続させたくない事情があるとき、④被相続人の連帯保証債務があり、将来弁済を求められる可能性があると予想される場合、⑤財産に関する係争事件があり、その裁判の結果次第で相続人に債務の弁済が求められる可能性がある場合、⑥上場会社の役員であった被相続人が、株主代表訴訟で多額の損害賠償を求められる可能性がある場合、⑦明らかに資産超過であっても、相続した後に相続人が主宰する法人へ相続した不動産を譲渡することでトータルの税負担を軽減するため、などが考えられます。

　そこで、この章では、限定承認に関する民法の規定や相続税法等の取扱いについて解説することとします。

第1節　民法の規定

1．限定承認の申述期限

　限定承認を行うには、相続の開始を知った時から3か月以内に家庭裁判所に、相続人全員（相続を放棄した者を除きます。）が財産目録等の必要書類を作成し、共同して申し出ることが必要（民法923、924）となるため、反対する者がいる場合や、一部の相続人が単純承認したときは、他の相続人は限定承認が選択できないこととなります。これは共同相続人の一部の者だけの限定承認では、相続財産の清算が煩雑になるためだとされています。

　以上のことから、常に、相続人の全員が限定承認を選択する必要があるわけではありません。相続放棄をした者は、初めから相続人とはならなかったものとみなされます（民法939）ので、残りの相続人が共同して限定承認の手続を選択することができます。

　例えば、相続財産と債務が拮抗している相続については、相続人の一人を残し、他の者は相続放棄をし、残った相続人が限定承認をするという選択も考えられます。この場合、注意すべき点は、相続を放棄する者の選択です。配偶者と子が法定相続人の場合、子の全員が相続を放棄してしまうと、第二順位の相続人である父母、あるいは第三順位の相続人である兄弟姉妹が登場してしまい、それらと共同しての限定承認が必要となってしまうからです。

　熟慮期間内に相続人が相続財産の状況を調査しても、なお、限定承認をするかを決定できない場合には、家庭裁判所は、申立てにより、この3か月の熟慮期間を伸長することができます（民法915①）。

　限定承認の申立ては相続人全員が共同で行うのですが、熟慮期間の伸長の申立ては各相続人がそれぞれ行う必要があります。

（詳細は、第2章　「3．熟慮期間の伸長」参照）

　なお、限定承認における共同相続人の一部の者による翻意は、合一の意見による申述であると信じて申立てをした他の共同相続人にとっては不測の事態となるから、その限定承認申述受理申立てが熟慮期間の経過後に却下された場合であっても、これに引き続いて改めて相続放棄申述受理の申立てをすることができる（神戸家裁：昭和62年10月26日審判）とする審判例があります。

2．限定承認申述の手続

　限定承認をしようと考える場合には、相続人全員が共同で行う必要があります。その場合、相続人全員の足並みが揃わない場合に、一部の相続人が相続の放棄をし、残りの者で限定承認をするときは、誰を放棄させ、誰と誰とで限定承認をするのか、先買権を行使して不動産を取得するのは誰にするのかなどを事前に検討して限定承認をすることになります。

　例えば、相続人が配偶者（母）と長男・長女の場合、限定承認をして配偶者が先買権を行使しようとすると、相続人全員が限定承認をするか、又は配偶者と子のうち一人（例えば長男）が相続の放棄をして配偶者と長女が限定承認をする選択が必要となります。

　この場合、長女が未成年者である場合、法定代理人である母が長女と一致して限定承認を選択する場合には、利害が相反しないこととなることから、特別代理人の選任申立ては不要ということになります。

　しかし、子の全員が相続の放棄をすると相続の順位が異動し、配偶者の次順位の相続人と共同して限定承認をすることになり、協力が得られないことが予想されます。

　なお、限定承認の申立て後、それが家庭裁判所に受理されるまでの間

は、申立ての取下げのほか、相続放棄の申述に申立ての趣旨を変更することも認められますが、限定承認の申述申立てが、家庭裁判所に受理された場合には、熟慮期間内であっても撤回することは認められません（民法919①）。

　限定承認の申述の申立手続は、以下のとおりです。

(1)　申立権者等

　限定承認の申述の申立てができるのは相続人とされ、相続人が数人あるときは、共同相続人全員が共同して、被相続人の最後の住所地を管轄する家庭裁判所に申立てなければなりません（民法923）。

①　生死不明者のある場合

　生死不明者のある場合には、相続人や利害関係者等は、相続開始前に失踪宣告の要件（行方不明の者の生死が7年間明らかでない場合や、危難によって行方不明になり1年が経過しているとき）を満たす場合には、失踪宣告（民法30）の申立てを、満たさないときは、不在者の従来の住所地の家庭裁判所に「不在者財産管理人」（民法25）の選任を申立てすることになります。

　失踪宣告によって死亡したものとみなされた場合、みなし死亡時は遡及する（民法31）ことから、その者が被相続人よりも先に死亡していたときは、その者の代襲相続人が共同して限定承認の申述をすることになります。

　一方、家庭裁判所から選任された不在者財産管理人は、不在の相続人に代わってその者の財産についての保存行為や代理の目的である物又は権利の性質を変えない範囲内において、その利用又は改良を目的とする行為をする権限を有します（民法28、103）。

　しかし、限定承認は、その権限外の行為に該当し、限定承認の申

述を行うことについて家庭裁判所の権限外行為許可を得て、他の共同相続人とともに限定承認することができます。

②　相続人に成年被後見人がいる場合

　相続人に成年後見者がいる場合、法定代理人である成年後見人が本人を代理して、限定承認の申述を行うことになります。

③　相続人に被保佐人がいる場合

　相続人に被保佐人がいる場合、被保佐人が単独で限定承認をするか否かを判断して他の相続人と共同で限定承認の申述をすることができますが、保佐人の同意が必要となります（民法13①六）。

④　相続人に被補助者がいる場合

　相続人に被補助者がいる場合、原則として被補助者が単独で限定承認の申述をするか否かを判断して他の相続人と共同で限定承認の申述をすることができます。

⑵　相続人が数人いる場合の限定承認手続

　相続人が数人いる場合には、民法915条1項に定める3か月の期間は、相続人がそれぞれ自己のために相続の開始があったことを知った時から各別に進行する（最高裁：昭和51年7月1日判決）とされています。そのため、各相続人の熟慮期間は異なることになり、一部の共同相続人の熟慮期間の経過による単純承認があった場合でも、熟慮期間中の共同相続人が限定承認を希望し、単純承認をしたとみなされた共同相続人もこれに同意した場合には、限定承認することを認めるべきとする判決（東京地裁：昭和30年5月6日）があります。

　また、限定承認後に相続財産を処分等した者がいることが判明した場

合は、他の共同相続人の限定承認の効果が否定されることはありません。この場合、相続債権者は、法定単純承認事由のある相続人に対して、相続財産から弁済を受けることができなった債権額について、その相続分に応じた額を請求できます（民法937）。

　しかし、限定承認の申述受理前に、一部の共同相続人が相続財産の処分により単純承認をしたとみなされた場合には、熟慮期間中の共同相続人が限定承認を希望したとしても、もはや限定承認をすることはできないとする審判（富山家裁：昭和53年10月23日）がありますので、注意が必要です。

　限定承認がなされると、相続財産は一種の凍結状態になり管理と清算がなされます。管理については、限定承認をした者は清算が終了するまで自己の固有財産と同一の注意をもって相続財産を管理しなければなりません（民法926）。共同相続の場合は、家庭裁判所により相続財産の清算人が1人選任されますが、特定の相続人を選任するよう予め裁判所に上申することもできます。選任された清算人は、相続人のために、相続財産の管理及び債務の弁済に必要な一切の行為をすることができます（民法936①、②）。

　相続財産清算人は、相続人全員の法定代理人として、相続財産につき管理・清算を行うことになります（最高裁：昭和47年11月9日判決）。

⑶　申立期間

　申述期間の伸長が認められた場合を除き、原則として、自己のために相続の開始があったことを知った時から3か月以内に申立てなければなりません（民法915①）。

　なお、家庭裁判所は、申述書一式が提出されると、申述人が相続人であることを確認し、申述が申述人の真意に基づいてなされたものであるか審理するため、申述人全員に回答書を送付し、その内容を審理します。

⑷　申述書に添付する財産目録

　申述書には、被相続人や申述人全員の戸籍謄本、財産目録などを添付する必要があります。

　その際、提出する相続財産の目録には、相続財産を知ることができた限度で記載する必要があります。相続財産は具体的に記載すべきですが、価額の算定は困難であるため、価額までは記載する必要はありません。善意の記載漏れは訂正することができます。しかし、故意に相続財産の全部又は一部を記載しなかった場合は、限定承認の申請が受理された後でも、相続財産を隠匿したとして、単純承認をしたものとみなされることがあります（民法921）。

　相続財産には、相続債務も含まれるため相続債務を記載しなかった場合に、単純承認とみなされた判決（最高裁：昭和61年3月20日判決）がありますので、注意が必要です。

●　限定承認のための必要書類

必要書類	申立先
相続の限定承認の申立書	被相続人の最後の住所地の家庭裁判所
被相続人の戸籍（除籍）謄本・改製原戸籍謄本（出生から死亡まで）	
被相続人の住民票の除票又は戸籍の附票	
申述人全員の戸籍謄本	
財産目録	

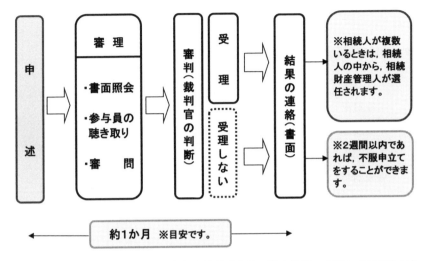

（出典：家庭裁判所「相続の限定承認の申述」の手続とは）

(5) 相続登記

　限定承認は、財産及び負債のすべてを承継することが前提の相続形態であることから、不動産の登記については、法定相続分割合による相続登記をすることになります。

　例えば、相続人が配偶者と長男であった場合の法定相続分割合は、それぞれ1/2となります。この場合に、配偶者が単独で先買権（鑑定人の評価額を限定承認者が固有財産から支出して遺産を取得する方法）を行使して、長男の法定相続分を取得するときには、「民法932条但書きによる価額弁済」を登記原因として配偶者に持分移転登記がなされます。

　長男の持分が配偶者に移転した分については、不動産取得税が課され、持分移転登記を伴わない配偶者の法定相続分には課されないこととされています（地税73の7）。

　そのことから、限定承認をした共同相続人が、法定相続分どおり先買権を行使した場合、その持分の移転登記は不要となり、不動産取得税は課されないことになります。

● 相続の限定承認の申述受理（認容）件数

年分	件数	年分	件数
平成21年	953件	令和元年	640件
平成22年	826件	令和2年	632件
平成23年	853件	令和3年	689件
平成24年	789件		
平成25年	789件		
平成26年	762件		
平成27年	734件		
平成28年	712件		
平成29年	713件		
平成30年	657件		

（出典：最高裁判所「第3表:司法統計年報（家事編）」）

3．相続によって得た財産

　民法922条は「相続人は、相続によって得た財産の限度においてのみ被相続人の債務及び遺贈を弁済することを留保して、相続の承認をすることができる」と規定しています。

　この場合の「相続人」には、包括受遺者（民法990）も含まれますが、「相続によって得た財産」とは具体的にどのような財産をいうのか疑問が生じます。判例では、以下のように判示しています。

(1) 生命保険金請求権

判例では、保険契約者たる被相続人が受取人を指定しないで死亡した場合には「相続によって得た財産」に当たるとし、受取人として相続人の氏名を挙げて指定している場合には本条にいう財産には当たらないとしています（大審院：昭和11年5月13日判決）。

しかし、保険金受取人の指定がないまま被保険者が死亡した場合、保険約款の定めに従い被保険者の相続人が受取人となるときも、保険約款の条項は、被保険者が死亡した場合において被保険者の相続人に保険金を取得させることを定めたものと解すべきであり、約款に基づき締結された保険契約は、保険金受取人を被保険者の相続人と指定した場合と同様、特段の事情のないかぎり、被保険者死亡の時におけるその相続人たるべき者のための契約であると解するのが相当である（最高裁：昭和48年6月29日判決）としていて、相続人の固有財産と考えられます。

また、保険金受取人が「被保険者又はその死亡の場合はその相続人」と指定されていた場合でも、特段の事情のないかぎり、被保険者死亡の時における相続人たるべき者を受取人として特に指定したいわゆる「他人のための保険契約」と解するのが相当である、として相続人の固有財産となると判示しています（最高裁：昭和40年2月2日判決）。

一方、被相続人が契約者で、相続人が被保険者の生命保険契約については、契約者固有の財産とされることから、相続人がその保険契約を引継ぐのであれば、「当該保険契約上の地位、保険契約者としての権利」を鑑定人の鑑定価額によって先買権を行使して取得する必要があります。また、解約返戻金のないものは無価値で鑑定価額がゼロであっても、鑑定人の鑑定価額以上の金額で相続人が先買権の行使によって取得する必要があります。

(2)　死亡退職金

死亡退職金については、被相続人の職場の死亡退職金の支給に関する規定が、退職金の受給権者の範囲、順位につき民法の規定する相続人の順位決定の原則とは異なる定め方がされている場合には、死亡退職金の受給権は、相続財産に属さず、受給権者である遺族固有の権利であるとされます（最高裁：昭和55年11月27日判決）。

また、死亡退職金の支給に関する規定がなく、相続法の規定と異なる者に支給されたときにも、死亡退職金は相続という関係を離れて受給者に支給されるものと考えられます。

(3)　遺族年金等

遺族年金を受給する権利は、受給権者である遺族の固有の権利です。また、未支給年金は、相続とは別の立場から一定の遺族に対して未支給の年金給付の支給を認めたもので、死亡した受給権者が有していた年金給付に係る請求権が相続の対象になるものでないことは明らかであると判示しています（最高裁：平成7年11月7日判決）。

(4)　相続財産から生じる果実

大審院の判例では、相続財産から生じた果実も本条にいう財産に当たるとしています（大審院：大正3年3月25日判決）。また、相続財産である株式から生じる利益配当請求権も、相続開始後の株主総会において確定し、相続人の名において取得されたとしても、本条にいう相続によって得た財産に当たるとしています（大審院：大正4年3月8日判決）。

しかし、今日では、相続開始後に生じた法定果実たる賃料債権は、遺産とは別個の財産であり、各共同相続人がその相続分に応じて分割単独債権として確定的に取得する（最高裁：平成17年9月8日判決）と判示しています。

　そのため、相続財産から生じる果実については、相続人と相続債権者との利益衡量の結果で判断されると思われます。

(5)　死因贈与（受贈者＝贈与者の相続人である場合）

　受贈者が贈与者の相続人でもあった場合、限定承認がされたときに、死因贈与を原因とする受贈者＝相続人（限定承認者）への所有権移転登記が、相続債権者による差押え登記よりも先にされていたとしても、所有権移転登記が仮登記に基づく本登記であるかどうかにかかわらずその受贈者は相続債権者に対して不動産の所有権を対抗できないとし、その根拠を信義則（※）に求めています（最高裁：平成10年2月13日判決）。

> （※）　信義則を定める民法1条2項は、「権利の行使及び義務の履行は、信義に従い誠実に行わなければならない」と規定しています。「信義に従い誠実に行わなければならない」とあることから、「信義誠実の原則」とも呼ばれています。
> 　具体的には、社会は人々の「信頼」に基づいて成り立っているものだから、当事者たちは相手方のもつ「信頼」を裏切らないように行動しなければならないということです。

　しかし、生前に相続人が相続時精算課税などによって贈与を受けることで、相続によって得た財産から除外することができます。

(6)　相続開始前に被相続人から不動産の譲渡を受けていた場合

　相続開始前に被相続人から不動産の譲渡を受けていた場合などでも、相続開始前に登記がされていなければ、仮登記がされていた場合を除き、相続債権者に対し、その権利を対抗できない（最高裁：平成11年1月21判決）とされていることから、限定承認の清算の対象とされ相続財産となります。

4．限定承認を選択する場合の留意点

(1)　相続財産の換価

　限定承認をした場合、金銭以外の財産はすべて金銭に換価する必要があります。この相続財産の換価は、原則として競売に付さなければならないとされています（民法932①）。

　競売手続では相続財産を高価で換価することは期待できませんが、これが最も公正な方法であるとされており、任意売却によって不当な安価で売却されることを防止するためです。なお、知れている債権者に対する各別の債権申出の催告を行うこと（民法927③）、相続財産を競売に付して売却すること（民法932）は、相続人の義務ではあるが、その懈怠は単なる手続違反にとどまり、既に行われた限定承認自体の効力に影響を及ぼすものとは解されない（東京地裁：平成13年2月27日判決）としています。

　不動産の競売の場合、債務者は買受けの申出をすることができない（民事執行法68）とされていることから、限定承認をした相続人は相続債務者に該当し、本人は競売に参加できないと考えられます。

　しかし、限定承認において弁済のためにする相続財産の換価（民法932）は、換価そのものを目的としてされる競売で形式的競売に分類されます。限定承認の形式的競売は、債権回収の手段ではないので、債務者による入札禁止の趣旨があてはまらないことから、共有者（相続人）が入札することは禁止されないとする見解もあります。

　以上のように、限定承認をした相続人が、競売に参加することの可否について異なる見解があり、かつ、競売に参加できても必ずその不動産を取得することができるとは限らないことから、限定承認をした者が不動産を取得したいと考える場合には、以下に述べる先買権を行使してその不動産を取得する方法を選択すべきです。

(2)　限定承認をした者による相続財産の先買権

　相続財産の中に、例えば、自宅や被相続人の形見のように、限定承認者が保有し続けたい財産があった場合には、競売による換価ではなく、家庭裁判所が選任した鑑定人による評価額を、限定承認をした者が、自分の固有財産から弁済すれば、競売を止めることができます（民法932ただし書き）。

　このように、相続人が優先的に買い受けることができるので、この権利を「先買権」といいます。先買権を行使した相続人は、家庭裁判所が選任した鑑定人の評価相当額を相続財産の管理口座に支払うことにより、対象財産の権利を取得することができます。

　先買権は、相続人全員に行使の権利があることから、限定承認者の中に、その相続財産である不動産を取得したいという人が複数いた場合には、取得希望価格の高い金額を提示した者が取得することになります。

　しかし、鑑定結果次第で、限定承認者が相続財産を買い受けるか否かは、限定承認者の自由に委ねられています。そのため、その鑑定に要する費用は、鑑定人の選任を求めた限定承認者が負担すべきものと考えられます。

　この制度は、競売という原則的換価方法に代えて、換価の恣意性を排除し、相続人の遺産への愛着心等に一定の配慮をしたものです。そのため、相続債権者でも受遺者でもない抵当権者が、抵当権等担保権実行による競売については、限定承認者が抵当権の評価額の全額を支払うか、抵当権者の同意を得なければ、これを阻止することはできません。

　この先買権を行使する前提として、鑑定人の選任申立てに加えて、法定相続分割合による相続登記をする必要があります。登記原因は、一般の相続登記の場合と同様です。

　なお、共同相続人間で、遺産分割協議をして法定相続分割合と異なる相続登記を行う行為は、法定単純承認事由に該当することになりますの

で、保存行為として法定相続分割合で登記しなければなりません。

　法定相続分割合による相続登記が行われている場合、先買権を行使し、その不動産を取得した相続人は、「民法932条ただし書きの価額弁済」を登記原因とする持分移転登記をすることになります。

（※）　民法932条ただし書は、限定承認をした者は、家庭裁判所が選任した鑑定人の評価に従い相続財産の全部又は一部の価額を弁済してその競売を止めることができる旨規定しており、これは、限定承認をした相続人が、被相続人との間の身分関係等の特殊事情により、相続財産に対して思い入れを持ち、相続財産の全部又は一部を競売に付すことなく、自己が保有したいと考えることがある一方で、相続債権者又は受遺者にとっては、相続財産の客観的価値による弁済さえ確保されるのであれば、これを相続人らに帰属させても何ら差し支えないことから、競売による換価手続をしないで、鑑定人の評価した当該財産の価額を限定承認者が固有財産から支払うことによって当該財産を取得する権利を認めた趣旨であると解されます。

　例えば、限定承認をした相続人が、自宅不動産を先買権を行使して取得する場合、自宅不動産の鑑定だけでなく、自宅内の家財道具等の動産等についても、鑑定してもらって一括して価額弁済するようにします。

　また、借地上の建物を法定相続分割合で相続登記をし、先買権を行使して共同相続人の持分を取得する場合、借地賃借権を譲渡したことに該当するときは、賃借人は、賃貸人の承諾を得なければ、その賃借権を譲り渡し、又は賃借物を転貸することができない（民法612①）ことになります。

　しかし、土地の賃借権の共同相続人の1人が賃貸人の承諾なく他の共同相続人からその賃借権の共有持分を譲り受けても、賃貸人は、民法612条により賃貸借契約を解除することはできないものと解するのが相当である（最高裁：昭和29年10月7日判決）とする判例があることから、問題はないと考えられます。

　さらに、農地の権利移転については、共同相続人間においてされた相続分の譲渡に伴って生ずる農地の権利移転については、農地法3条1項の許可を要しないとする判決（最高裁：平成13年7月10日判決）もあります。

【先買権行使の手順】

① 　購入希望の相続人が家庭裁判所に、相続財産の価額を評価する鑑定人の選任の審判の申立てをする。この場合、債権者も、鑑定人選任についての意見をのべるために参加することができる（民法933）。

② 　家庭裁判所が鑑定人を選任（不動産の鑑定については不動産鑑定士が選任される）する。

③ 　鑑定人が、購入希望の不動産の時価鑑定評価を家庭裁判所に提出する。

④ 　購入希望の相続人が、購入するには、相続財産清算人に対して、先買権行使の意思表示をする。鑑定価額が希望に添わない場合には、先買権行使を中止することもできる。この場合、原則に戻り、競売手続により売却される。

⑤ 　購入する場合、相続人全員の法定相続分の登記を経由して、購入希望者の名義に不動産登記が行われる。

⑥ 　登記名義人が相続人となった後は、自由に使用収益することができる。また、他に譲渡することもできる。

(3)　相続財産の任意売却

　限定承認があった場合の相続財産の換価方法は、原則として競売によることとされています（民法932）。

　しかし、相続人の先買権の行使以外に、実務上は任意売却による方法も取られています。限定承認後の任意売却は、限定承認前の処分行使を

単純承認とみなす処分（民法921一）に該当しないと考えられ、相続債権者及び受遺者に不利益な売却にならない限り、私に相続財産を消費したことにもならない（民法921三）ことから、単純承認事由に該当しないと思われます。

　しかし、競売や先買権を行使せずに任意売却を行ってしまうと「相続財産の全部又は一部を処分した」（民法921）ものとして単純承認として扱われ、責任財産の範囲を相続財産だけでなく、相続人の固有財産まで広げられる恐れがあるとする見解もあります。

　任意売却は、換価方法を競売によると定めた民法932条に違反することになりますが、売却の効力自体は有効（東京控院：昭和15年4月30日判決）で、その売却により相続債権者及び受遺者に損害が生じたときに、限定承認者又は相続財産清算人は不法行為に基づく損害賠償責任を負うことにとどまります。

　一方、先買権を利用すれば、実質的に任意売却をすることは可能です。例えば、任意売却先が見つかった場合、先買権の行使により相続人が対象財産の権利を取得し、その相続人から任意売却先に売却するという方法です。この方法によると、相続人が先買権という正当な権利を行使して、対象財産の完全な権利を取得して売却しているので、単純承認として扱われるリスクは原則ないということになります。

　そのため、単純承認のリスクを避けるのであれば、先買権を利用した任意売却を行うのが安全、ということになります。

　これは、被相続人の財産が大幅な債務超過となっている場合でも、相続放棄ではなく限定承認を選択することの大きなメリットの一つと考えられます。

⑷　みなし譲渡税所得税

　限定承認を選択した場合、相続財産のうち譲渡所得の基因となる資産

については、譲渡所得課税が行われることに留意しておかなければなりません。すなわち、所得税法上、限定承認により資産の移転があった場合には、「その時における価額に相当する金額により、これらの資産の譲渡があったものとみなす」（所法59）と規定されています。

　つまり、限定承認を行うことにより、すべての資産を時価で譲渡したものとみなされ、譲渡所得税（被相続人に対する住民税は、翌年１月１日に住所がないため課税されません。）が課税されることとなります。

　例えば、財産として不動産を多く所有している人に相続が発生した場合において、債務の存在が不明確であるため、とりあえず限定承認を選択したときは、相続財産のすべてを時価で譲渡したものとみなして、被相続人に対して譲渡所得税が課税され、被相続人の債務となります。通常、相続での財産移転では譲渡所得は認識しないため、結果的に債務が存在しなかった場合でも単純承認と比較して譲渡所得税が課された金額だけ、相続人が相続することとなる財産が減少することとなります。

　また、譲渡所得については、相続の開始があったことを知った日から４か月以内に、被相続人の準確定申告を行う必要がありますが、譲渡の認識が無いため準確定申告での譲渡所得の申告を失念するケースが少なからず見受けられます。

　このように、限定承認を行う場合には財産・債務だけでなく譲渡所得税の問題を含めて判断を行う必要があり、また、譲渡所得の申告を被相続人の準確定申告で行い、これにより算出された譲渡所得税を、被相続人の債務に含めて限定承認の手続を進めなければ、後日、自己の財産をもって納税という事態が生じることとなりますので、注意が必要です。

● 取得費と取得日

	単純承認の場合	限定承認の場合
取得費	被相続人の取得費を引継ぐ	相続開始日の価額に更新される
取得日	被相続人の取得の日を引継ぐ	相続開始日が取得の日とされる

⑸　限定承認申述受理後の取扱い

　限定承認の申述受理後に、共同相続人中の1人又は数人について法定単純承認に該当する事由が生じたときは、その者だけが自らの相続分に応じた債務額につき、単純承認者としての責任を負うことになりますが、限定承認が無効になるわけではありません（民法937）。

5．限定承認をしたときの権利義務

　相続人は、被相続人の一身専属的な権利義務を除いてその一切の権利義務を承継するため、原則として、相続人と被相続人の権利義務関係は混同（民法179①、520）により消滅することになります。

　しかし、限定承認をした相続人については、被相続人に対して有する権利義務の混同による消滅を否定（民法925）し、被相続人の相続財産と相続人の固有財産を分離することとしています。

　具体的には、父が被相続人で子が相続人の場合、子が父に1億円を融資しているというときは、子は1億円の債権を限定承認の手続の中で回収することになります。一方、父が子に1億円を融資している場合には、その債権は混同によって消滅せず、限定承認による相続財産として、相続債務の弁済に充てられることになります。

　一方、被相続人の連帯保証人としての責任地位は、相続人が引き継ぐことになりますが、死亡時までに保証債務を履行すべき事由が発生して

いない場合でも、限定承認手続の中の配当対象債権に加えて清算する必要があります（民法930①）。この場合、家庭裁判所が選任した鑑定人の評価に従って弁済することになります（民法930②）

6．相続債権者及び受遺者に対する公告及び催告

　限定承認手続では、被相続人の最後の住所地の家庭裁判所への限定承認の申述が受理された後5日以内（相続人が数人ある場合に相続財産清算人の選任があった場合には10日以内）に、官報掲載の手続をとればよいと解されています。この場合でも、官報掲載をしている取次店に連絡をとり、官報掲載予定日を事前に確認し、公告期日までに官報に掲載できるよう、事前に裁判所に審判受理日について打ち合わせが欠かせません。

　相続財産清算人は、相続債権者や受遺者に対する公告（官報に掲載）と催告を行い（民法927①、936③）、その後、相続財産を換価し、弁済するという手順に進みます。

　限定承認者には、相続債権者及び受遺者に対して公告・催告する義務があります。これにより、相続債権者及び受遺者に、限定承認という清算手続に参加するという機会を与え、相続財産による弁済を公平に行おうとしています。

　公告は官報に掲載して行い、相続債権者及び受遺者が清算手続に参加し損ねるのを防止する機能を持っています。期間内に申出をしなかった相続債権者及び受遺者で、限定承認者に知れていなかった者は、残余財産についてのみ権利を行使することができます。したがって、残余財産がない場合、すなわち全ての財産を債権者に弁済し、あるいは受遺者に引渡した後は債務の弁済は受けられません。

　また、知れたる相続債権者及び受遺者に対しては、各人別に、請求の

申出を行うように催告する必要があります（民法927③）。知れたる債権者とは、氏名が知れているだけでは足らず、債権額も知れている相続債権者のことをいいます。そのため、債権額に争いがあり、相続人が認めないような債権者は、知れている相続債権者には該当しません（横浜地裁：昭和40年3月29日判決）。

　また、租税債務が存在する場合は、租税債務も催告を要すべき債権に含まれます。

　公告を怠り、あるいは債権者への催告を怠っても、限定承認の手続きが無効になるわけではありません。しかし、限定承認をした者は、弁済を受けるべきであった債権者あるいは受遺者に対する損害賠償の責任を負うことになります。

　限定承認手続における公告及び催告に要する費用、条件付き債権の弁済のための確定費用などは相続財産に関するもので、相続財産からに支払ってよいと考えられます。

　なお、公告期間満了前の弁済については、限定承認者は拒絶することができます。弁済の拒絶は、租税債権についても適用されます。租税債権は一般債権に優先しますが、一般債権に優先する債権は租税債権に限りません（例えば、質権・抵当権等）ので、優先する債権の中での先後関係を確定する必要があるからです。

7．公告期間満了後の弁済

　限定承認が行われた場合について、民法は次の手順に従って、被相続人の債務等を弁済することにしています。

　第一順位　優先権（先取特権や抵当権等）を有する債権者（民法929）

　第二順位　請求申出期間内に申し出た一般債権者及び知れたる債権者（民法930）

第三順位　請求申出期間内に申し出た受遺者及び知れたる受遺者（民法931）

第四順位　請求申出期間内に申し出ず、かつ知れなかった債権者及び受遺者（民法935）

このうち、第二順位の債権者について、それぞれの債権額に応じて弁済しなければならないと定めています（民法929）。相続財産に対して質権、先取特権、抵当権、留置権を有する債権者など、優先権を有する債権者が、その権利を行使しても債権の全額の弁済を受けられない場合は、残余の債権について、他の一般債権者と同じ立場で配当弁済を受けることになります。

租税債務については、国税徴収法8条は、「国税は、納税者の総財産について、この章に別段の定めがある場合を除き、すべての公課その他の債権に先だって徴収する」と定めていますので、国税の法定納期限以前に設定された抵当権などで担保された債権について弁済を行う場合を除き、租税債務は一般の債権に優先して納税する必要があります。

限定承認による場合、譲渡所得の基因となる資産を譲渡したものとみなして譲渡所得税が課されますが、一般債権者らに配当してしまった後に、課税庁から譲渡価額が不当であるとして追徴課税を受けることになると、納付すべき相続財産がなくなっている場合もあり得ます。そのため、譲渡価額については慎重に判定することが求められます。

なお、限定承認をした相続人は、自己の固有財産から相続債務の弁済を行うべき責任を負わないことから、自己の固有財産から自主的に相続債務を弁済しても、非債弁済㊟となり、相続債権者にその返還を請求することはできません。

㊟　非債弁済とは、弁済者が債務のないことを知りつつ弁済することをいい、不当利得返還請求権は認められません（民法705）。

8．弁済期が未到来の債務等の弁済

　限定承認者は、弁済期が未到来の債権も、限定承認による清算手続によって弁済する必要があります（民法930①）。なぜなら、債権の弁済期が到来するまで、限定承認者は弁済できないとすると、弁済期が到来するまで限定承認の手続が完了しないからです。

　また、条件付きの債権又は存続期間の不確実な債権は、家庭裁判所が選任した鑑定人の評価に従って弁済しなければなりません（民法930②）。

　条件付き債権とは、一定の条件によって成立し（停止条件付き）、あるいは消滅する（解除条件付き）債権であり、存続期間不確定の債権とは、いつまで存続するかその終期が明確に定まっていない債権をいいます。

　限定承認者は、限定承認による清算手続の早急な終了を図るために、それらの債権についても、所定の申出期間内に申出があった場合にはこれを弁済しなければなりません。

　しかし、これらの債権について、条件が成就し、あるいは存続期間が確定したものとして処理することはできないため、その債権の現在の価値を公平妥当に判定する必要があることから、家庭裁判所の選任した鑑定人にその債権を評価させ、これを基準として弁済させることとしています（民法930②）。

● 限定承認と債務

債務の種類	債務の取扱い	相続税の債務控除
銀行借入金	期限の利益はなく、弁済期限の到来していない借入金について一括して弁済しなければならない。	原則として、相続財産から借入金の全額が控除される。
連帯債務	期限の利益はなく、債務者間で債務の負担割合について同意があっても、債権者は連帯債務者に全額の弁済を求めることができる。	被相続人の債務の負担割合に相当する債務の額が相続財産から控除される。なお、連帯債務者が弁済不能の状態にある場合（求償して返還を受ける見込みがない場合に限る。以下同じ。）には、その債務についても相続財産から控除することができる（相基通14－3(1)）。
連帯保証人	催告の抗弁権がなく、債権者から弁済を求められると全額弁済しなければならない。	相続開始時において、主債務者が弁済不能の状態にある場合を除いて、相続財産から控除することはできない。
保証人	催告の抗弁権により、主債務者への請求を求めることができる。また、複数の保証人がいる場合には、分別の利益によって自分の負担している債務の金額を超える部分については責任を負わない。	相続開始時において、主債務者が弁済不能の状態にある場合に、保証人として弁済しなければならない債務について相続財産から控除することができる。

　なお、相続人が相続後にその保証債務を履行するために不動産の譲渡があった場合に、その履行に伴う求償権の全部又は一部を行使することができないこととなったときは、その行使することができないこととなった金額は、譲渡収入金額はなかったものとみなされます（所法64②）。

9．受遺者に対する弁済

　限定承認における清算手続では、まず相続債権者に弁済が行われ、その後、なお残余財産がある場合に限って受遺者への弁済がなされます（民法931）。つまり、受遺者への弁済は、相続債権者に劣後することになります。

　受遺者の地位が相続債権者に比べて低く定められているのは、相続開始前に被相続人の財産状況を考慮の上で対価を負担して債権を取得した相続債権者と、相続開始後に一方的に権利を取得する受遺者とを比較すると、前者をより保護すべきと考えられるためです。

　限定承認者がこの順位に違反して受遺者に弁済をし、それによって相続債権者への弁済ができなくなったときには、限定承認者は、自己の固有財産をもって損害賠償すべき責任を負うことになります。

　なお、複数の遺贈がなされ、残余財産でその全部の遺贈についての弁済ができないときは、その額に応じて配当弁済されることになります。

10．被相続人の債務に関する保証

　相続人の中には、被相続人の債務について、保証等をしている場合が少なくありません。また、相続人が所有する不動産などに、被相続人の債務に係る抵当権等を設定登記している事例も多くあります。

　この場合、相続人が限定承認を選択しても、「相続によって得た財産の限度においてのみ」責任を負うとする規定に関わらず、被相続人の債務等について相続人が保証等をしていたときは、その保証等の責任は限定されるものではありません。

　被相続人の居住用不動産について、被相続人の債務の抵当権の設定登記がある場合に、今後も相続人がその居住用不動産に住み続けるための

対応策として、相続人が限定承認をし、先買権を行使してその居住用不動産を取得する方法が考えられます。

　例えば、居住用不動産の鑑定評価額が3,000万円、その不動産に設定登記されている抵当権の額が2,000万円であった場合、先買権を行使する相続人が2,000万円を抵当権者に支払い、残額の1,000万円を相続財産清算人に支払うことで、居住用不動産に設定されている抵当権を抹消してもらい、完全な所有権を取得することができます。

　また、被相続人所有の不動産に抵当権等が設定され、限定承認者が、その債務等について、連帯保証等をしている場合には、その不動産に対して先買権を行使して、抵当権者に価額弁済をするようにします。このことによって、その弁済金額だけ連帯保証責任が弁済により消滅することになります。

11. 相続人が数人ある場合の相続財産の清算人

　共同相続の場合、限定承認は相続人全員が共同して行わなければなりません。しかし、その後の相続財産の管理や清算手続を全員で共同して行うことは煩雑ですので、限定承認の申述が受理されると、家庭裁判所は、相続人の中から１人の相続財産清算人を選任します（民法936①）。

　相続財産清算人について、利害関係を有する第三者や弁護士を選任してもらい、手続を進めることはできません。そのため、弁護士により手続を進行させるためには、相続財産清算人に選任された人が、相続人の代理人として、法律事務を委任する必要があります。

　この限定承認における相続財産清算人は、相続人本人であると同時に、他の相続人の法定代理人という性格を持つことになります。相続財産清算人の職務の範囲は、相続人のために、相続人に代わって相続財産の管理及び債務の弁済に必要な一切の行為をすることです。相続税（租税債

務）は相続人固有の債務であって、被相続人の債務ではないことからしても、相続税の申告事務は相続財産清算人の職務とはいえないと考えざるを得ません。

　具体的な手続では、相続財産清算人は遺産を集約するための銀行口座を開設します。「被相続人●●太郎　相続財産清算人　●●春雄」というように限定承認のための口座であることが客観的にわかりやすい口座名にすることが望ましいです。

　既に開設している「●●春雄」名義の銀行口座を流用しないのは、単純承認とみなされるリスクを避けるためです。例えば、既に開設している口座に遺産を集約したところ、うっかり相続人自身の引き落としがなされてしまった場合には、限定承認手続が終了していないにもかかわらず、相続人が遺産を処分したとして単純承認とみなされるリスクがあります。

　また、遺産と相続人固有財産が混同してしまう恐れも考えられます。遺産と相続人固有財産が混同してしまうと、最終的に被相続人の純粋な遺産の金額が曖昧となってしまい、「相続財産が責任の上限額である（相続財産の範囲で債務を弁済すれば良い）」という限定承認の最大の恩恵を受けられない可能性があります。

　そのため、面倒であっても、必ず限定承認のためだけに使用する銀行口座を開設すべきです。

　なお、相続債権者及び受遺者に対する弁済が終了してもなお残余の相続財産がある場合には、相続人間で遺産分割をして取得することになります。

12. 限定承認の申述後に法定単純承認の事由がある相続人

　共同相続人全員が限定承認の申述をした後、一部の相続人が相続財産

を隠匿したり、私（ひそか）に費消したりしてしまうと、その相続人は単純相続したものとみなされてしまいます。しかし、このような一部の相続人の行為によって、共同相続人全員から限定承認の利益を奪うことは不適当であることから、法定単純承認事由を生じさせた責任は当該相続人にのみ及ぶものとしています（民法937）。

　したがって、法定単純承認事由のあった者は、相続財産から弁済がなされなかった相続債務のうち、その相続分の割合に応じた分については、自己の固有財産をもって弁済しなければなりませんが、その他の共同相続人は、限定承認の効果を保持することができます。

　なお、法定単純承認事由のあった相続人に権利行使できるのは相続債権者のみであって、受遺者は権利行使できません。受遺者は、限定承認の清算手続において劣後する立場にあるからです。

〈限定承認に係る民法の主な規定〉

（限定承認）

第922条 相続人は、相続によって得た財産の限度においてのみ被相続人の債務及び遺贈を弁済すべきことを留保して、相続の承認をすることができる。

（共同相続人の限定承認）

第923条 相続人が数人あるときは、限定承認は、共同相続人の全員が共同してのみこれをすることができる。

（限定承認の方式）

第924条 相続人は、限定承認をしようとするときは、第915条第1項の期間内に、相続財産の目録を作成して家庭裁判所に提出し、限定承認をする旨を申述しなければならない。

（限定承認をしたときの権利義務）

第925条 相続人が限定承認をしたときは、その被相続人に対して有した権利義務は、消滅しなかったものとみなす。

（限定承認者による管理）

第926条 限定承認者は、その固有財産におけるのと同一の注意をもって、相続財産の管理を継続しなければならない。

2 第645条、第646条、第650条第1項及び第2項の規定は、前項の場合について準用する。

（相続債権者及び受遺者に対する公告及び催告）

第927条 限定承認者は、限定承認をした後5日以内に、すべての相続債権者（相続財産に属する債務の債権者をいう。以下同じ。）及び受遺者に対し、限定承認をしたこと及び一定の期間内にその請求の申出をすべき旨を公告しなければならない。この場合において、その期間は、2箇月を下ることができない。

2 前項の規定による公告には、相続債権者及び受遺者がその期間内に申出をしないときは弁済から除斥されるべき旨を付記しなければならない。ただし、限定承認者は、知れている相続債権者及び受遺者を除斥することができない。

3　限定承認者は、知れている相続債権者及び受遺者には、各別にその申出の催告をしなければならない。

4　第一項の規定による公告は、官報に掲載してする。

（公告期間満了前の弁済の拒絶）

第928条　限定承認者は、前条第1項の期間の満了前には、相続債権者及び受遺者に対して弁済を拒むことができる。

（公告期間満了後の弁済）

第929条　第927条第1項の期間が満了した後は、限定承認者は、相続財産をもって、その期間内に同項の申出をした相続債権者その他知れている相続債権者に、それぞれその債権額の割合に応じて弁済をしなければならない。ただし、優先権を有する債権者の権利を害することはできない。

（期限前の債務等の弁済）

第930条　限定承認者は、弁済期に至らない債権であっても、前条の規定に従って弁済をしなければならない。

2　条件付きの債権又は存続期間の不確定な債権は、家庭裁判所が選任した鑑定人の評価に従って弁済をしなければならない。

（受遺者に対する弁済）

第931条　限定承認者は、前二条の規定に従って各相続債権者に弁済をした後でなければ、受遺者に弁済をすることができない。

（弁済のための相続財産の換価）

第932条　前三条の規定に従って弁済をするにつき相続財産を売却する必要があるときは、限定承認者は、これを競売に付さなければならない。ただし、家庭裁判所が選任した鑑定人の評価に従い相続財産の全部又は一部の価額を弁済して、その競売を止めることができる。

（※）　民法932条ただし書は、限定承認をした者は、家庭裁判所が選任した鑑定人の評価に従い相続財産の全部又は一部の価額を弁済してその競売を止めることができる旨規定しており、これは、限定承認をした相続人が、被相続人との間の身分関係等の特殊事情により、相続財産に対して思い入れを持ち、相続財産の全部又は一部を競売に付すことなく、自己が保有したいと考えることがある一方で、相続債権者又は受遺者にとっ

ては、相続財産の客観的価値による弁済さえ確保されるのであれば、これを相続人らに帰属させても何ら差し支えないことから、競売による換価手続をしないで、鑑定人の評価した当該財産の価額を限定承認者が固有財産から支払うことによって当該財産を取得する権利を認めた趣旨であると解される。

（相続債権者及び受遺者の換価手続への参加）

第933条　相続債権者及び受遺者は、自己の費用で、相続財産の競売又は鑑定に参加することができる。この場合においては、第260条第2項の規定を準用する。

（不当な弁済をした限定承認者の責任等）

第934条　限定承認者は、第927条の公告若しくは催告をすることを怠り、又は同条第1項の期間内に相続債権者若しくは受遺者に弁済をしたことによって他の相続債権者若しくは受遺者に弁済をすることができなくなったときは、これによって生じた損害を賠償する責任を負う。第929条から第931条までの規定に違反して弁済をしたときも、同様とする。

2　前項の規定は、情を知って不当に弁済を受けた相続債権者又は受遺者に対する他の相続債権者又は受遺者の求償を妨げない。

3　第724条の規定は、前二項の場合について準用する。

（公告期間内に申出をしなかった相続債権者及び受遺者）

第935条　第927条第1項の期間内に同項の申出をしなかった相続債権者及び受遺者で限定承認者に知れなかったものは、残余財産についてのみその権利を行使することができる。ただし、相続財産について特別担保を有する者は、この限りでない。

　(※)　民法935条ただし書は、特別担保を有する者は、本文のような制限に服しない旨規定しており、これは、特別担保を有する者は、当該担保物権の効力として、目的物が換価された場合一般債権者に先立って債務者の財産から弁済を受けることができる、いわゆる優先弁済権を有するところ、かかる優先弁済権は、限定承認に係る清算手続においても当然に認められるのであって、およそ除斥の対象にならないことを注意的に定めたものであると解される。

（相続人が数人ある場合の相続財産の管理人）

第936条　相続人が数人ある場合には、家庭裁判所は、相続人の中から、相続財産の清算人を選任しなければならない。

2　前項の相続財産の清算人は、相続人のために、これに代わって、相続財産の管理及び債務の弁済に必要な一切の行為をする。

3　第926条から前条までの規定は、第1項の相続財産の清算人について準用する。この場合において、第927条第1項中「限定承認をした後5日以内」とあるのは、「その相続財産の清算人の選任があった後10日以内」と読み替えるものとする。

（法定単純承認の事由がある場合の相続債権者）

第937条　限定承認をした共同相続人の一人又は数人について第921条第1号又は第3号に掲げる事由があるときは、相続債権者は、相続財産をもって弁済を受けることができなかった債権額について、当該共同相続人に対し、その相続分に応じて権利を行使することができる。

〈限定承認に係る大審院及び最高裁判決の要旨〉

【大審院】

● 大正3年3月25日判決

1　債務者ノ相続人カ限定承認ヲ為シタル場合ニ於テハ相続人ノ固有財産ニ非サル相続財産ハ総テ債務ノ弁済ニ供セサルヘカラサルモノナルヲ以テ縦令果実ト雖モ苟モ相続財産ヨリ生シタルモノナル以上ハ等シク被相続人ノ債務ノ弁済ニ供スヘキモノトス

2　民法第1029条ハ限定承認ノ場合ニ於テ債権者ノ請求ヲ申出テサル債権ニ対シ制限ヲ加フル目的ニ出テタル規定タルニ止マリ債権者カ弁済ヲ受クヘキ財産ヲ制限シタル規定ニ非ス

3　民法第989条ニ於ケル請求権ノ行使ニ付テハ法律上何等ノ制限ナキカ故ニ債権者ハ隠居者及ヒ相続人ヲ同時ニ訴フルコトヲ妨ケス而シテ其一方カ債務ノ弁済ヲ為シタルトキハ他ノ一方ニ対スル請求権ハ消滅スト雖モ隠居者ニ対スル請求ノ判決確定スルモ債権ノ未タ消滅セサル間ハ尚ホ相続人ニ対シテ訴求スルコトヲ得ルモノトス

4　華族世襲財産法第11条ニ於テ世襲財産所有者ニ其純収益ノ3分ノ1以内ヲ抵当トシテ負債ヲ為スコトヲ許シタルハ任意抵当以外ノ場合ニ於テハ其処分ヲ禁スルノ旨趣ニ非スシテ純収益中前記ノ部分ハ一般ニ処分ヲ許シタルモノト解スヘキモノトス

● 大正4年3月8日判決

1　民法第1028条ニ所謂相続財産トハ相続人カ華族世襲財産法ニ依リ世襲財産トシテ承継シタル場合ト否トヲ問ハス相続ニ因リ承継シタル一切ノ財産ヲ指称スルモノトス

2　相続ノ限定承認ノ場合ニ於テ相続財産ヲ構成スル株式ヨリ生シタル利益配当請求権ハ縦令相続後ノ株主総会ニ於テ確定シ相続人ノ名ニ於テ取得シタルモノト雖モ仍ホ相続財産ノ一部ヲ成スモノトス

3　限定承認者ハ民法第1029条第1項ノ催告期間満了ノ後ハ其期間内ニ申出テ若クハ其知レル相続債権者ニ対シテハ相続財産ノ数額又ハ相続債務ノ総額確定セサルヲ理由トシテ弁済ヲ拒ムコトヲ得サルモノトス

4　明治23年法律第32号第1002条第2項ニ掲ケタル破産シタル会社ノ無限責任社員カ隠居シタル場合ニ於テ其相続財産ニ対シ被相続人ノ債権者カ単独ニ強制執行ヲ為シタルトキハ其執行ノ不当ヲ理由トスル目的物ノ返還請求権ハ破産管財人ヨリ直接ニ執行債権者ニ対シテ之ヲ行使スヘキモノトス

● 昭和11年5月13日判決

保険契約者カ自己ヲ被保険者兼保険金受取人ト定ムルト同時ニ被保険者死亡ノ時ハ被保険者ノ相続人某ヲ保険金受取人タラシムヘキ旨特ニ其ノ氏名ヲ表示シテ契約シタル場合ニハ被保険者死亡ト同時ニ該保険金請求権ハ右特定相続人ノ固有財産ニ属シ其ノ相続財産タル性質ヲ有セサルモノトス

【最高裁】

● 昭和40年2月2日判決

1　養老保険契約において、被保険者死亡の場合の保険金受取人が、単に「被保険者死亡の場合はその相続人」と指定されたときは、特段の事情のないかぎり、右契約は、被保険者死亡の時における相続人たるべき者を受取人として特に指定したいわゆる「他人のための保険契約」と解するのが相当である。

2　前項の場合には、当該保険金請求権は、保険契約の効力発生と同時に、右相続人たるべき者の固有財産となり、被保険者の遺産より離脱しているものと解すべきである。

● 昭和51年7月1日判決

相続人が数人いる場合には、民法915条1項に定める3か月の期間は、相続人がそれぞれ自己のために相続の開始があつたことを知った時から各別に進行するものと解するのが相当である。

● 昭和61年3月20日判決

民法921条3号にいう相続財産には相続債務も含まれる。

● 平成10年2月13日判決

不動産の死因贈与の受贈者が贈与者の相続人である場合において、限定承認がされたときは、死因贈与に基づく限定承認者への所有権移転登記が相続債権者による差押登記よりも先にされたとしても、信義則に照らし、限定承認者は相続債権者に対して不動産の所有権取得を対抗することができない。

● 平成11年1月21日判決

相続債権者は、被相続人から抵当権の設定を受けていても、被相続人の死亡前に仮登記がされていた場合を除き、相続財産法人に対して抵当権設定

登記手続を請求することができない。

● 平成14年 2 月12日決定

限定承認に係る相続による譲渡所得の基因となる資産の移転については、所得税法59条 1 項 1 号により、相続開始時点における価額に相当する金額により譲渡があったものとみなされるとして、被相続人に係る所得税の決定処分等について、本件規定は民法の限定承認制度の趣旨に反して相続人に不利益を課すものではない等としたことは、適法な上告理由に該当しない。

● 平成17年 9 月 8 日判決

相続開始から遺産分割までの間に共同相続に係る不動産から生ずる金銭債権たる賃料債権は、各共同相続人がその相続分に応じて分割単独債権として確定的に取得し、その帰属は、後にされた遺産分割の影響を受けない。

第2節　限定承認を選択した場合の課税上の取扱い

　所得税法59条1項1号は、限定承認に係る相続により譲渡所得の基因となる資産の移転があった場合に、相続開始時点における価額に相当する金額により譲渡があったものとみなして、みなし譲渡所得課税を行うこととしています。

　限定承認に係る相続についてのみなし譲渡所得の課税が行われるのは、被相続人が生存中に保有していた期間の資産の値上がり益として発生している所得がある場合には、相続の発生した時点において、被相続人の所得として課税し、その所得税額は被相続人に帰属する債務として清算するために、みなし譲渡所得課税を行うこととしたものであり、他の一般債務と合算し、その債務の額が相続財産の額を超えるときは、その超える部分の債務の金額は、限定承認をした効果として切り捨てられるとされているものです。

　そこで、この節では、限定承認を選択した場合の課税上の取扱いについて解説することとします。

1. 限定承認をした場合に相続財産から生じる家賃収入の課税関係

　相続人（包括受遺者を含みます。以下同じ。）は、その被相続人に課されるべき、又はその被相続人が納付し、若しくは徴収されるべき国税を納める義務を承継すると規定しています（国通5①）。この場合において、相続人が限定承認をしたときは、その相続人は、相続によって得た財産の限度においてのみその国税を納付する責めに任ずるとされています。

　「相続によって得た財産」とは、相続によって得た財産から生じた果

実又は相続によって得た財産である株式から生じた利益配当請求権は、相続開始後に確定したものも相続によって得た財産に含まれるものとしています（国通基8）。

　限定承認があった場合でも、その相続財産から生じる果実に対する課税関係については、単純承認の場合と特に異なる取扱いをする必要は認められません。

　そのため、相続財産から生じる所得は、それぞれの相続人の相続持分に応じて課税されます。

設　例

1　**被相続人**　父（令和5年4月1日死亡）
2　**相続人**　母・長男・長女
3　**限定承認**　令和5年6月25日申述受理
4　父の相続財産である月極駐車場用地を令和5年10月31日に売却し、債務の弁済に充てた。
5　**駐車場からの収入**　令和5年4月～10月分　120万円
6　**収入の帰属**　母60万円・長男30万円・長女30万円

　しかし、相続財産から相続後に生じる賃料や利子などの果実は、限定承認の手続きでは相続財産に含まれ、相続債務の弁済に充てられるとする判例があります（大審院：大正3年3月25日判決、大正4年3月8日判決）。

　ところが、相続開始後に生じた法定果実たる賃料債権は、遺産とは別個の財産であり、各共同相続人がその相続分に応じて分割単独債権として確定的に取得する（最高裁：平成17年9月8日判決）とする判例もあります。この場合には、相続財産から生じる果実については相続人に帰属するものとなります。

　所得税では、相続後に生じた果実は、すべて相続人固有の所得になり、

相続人に対して所得税が課税されることになります。その場合、相続人は、実際にはこれらの果実を手にすることがないのに、果実に対する所得税を負担しなければならないこととされ、相続人に酷な結果となります。

　なお、国税通則法では、被相続人を被保険者とする生命保険金で、特定の相続人が保険金受取人に指定されているものは、相続によって得た財産とならないとして取り扱うとしています（国基通8（注））。

2．限定承認に係る譲渡所得に対する所得税の申告期限

　限定承認が行われ、相続財産のうちに譲渡所得の基因となる資産がある場合には、相続人は、被相続人の譲渡所得として、相続の開始があったことを知った日の翌日から4か月を経過した日の前日までに所得税の準確定申告をしなければなりません（所法125①）。

　限定承認の申述受理の審判は、法定の形式的要件と申述者の真意を調査するだけであって、複雑な判断を要するものではないから、相続人が相続開始を知った日から3か月以内に限定承認の申述をすれば、通常は、準確定申告の申告期限の4か月以内に申述受理の審判の告知がされます。

　しかし、限定承認について熟慮期間の伸長を申し立てた場合、所得税の準確定申告の申告期限内に限定承認の審判が告知されないときがありますが、そのような場合に、準確定申告の申告期限を延長する旨を規定した法令はありません。

　限定承認に係る相続についてみると、その資産の移転は相続開始時に生じるものである（民法896）ことから、限定承認に係る相続に基因する譲渡所得（みなし譲渡所得）に対する課税は、相続の開始の時を捉えて行われるものと考えられます。そうすると、実質的にみても、譲渡所得の金額の計算について資産の譲渡があったとみなされる時点である所

得税法59条1項の「その事由が生じた時」とは、相続開始時を指すもの
と解されます。

　仮に「その事由が生じた時」が、限定承認の効力発生時、すなわち、
限定承認の申述受理の審判の告知の時とすると、相続開始後、限定承認
の効力発生前に当該資産が値上がりした場合には、その増加益も被相続
人の譲渡所得として課税されることになり、被相続人がその死後に生じ
た増加益についても課税される結果となって不合理であるばかりか、資
産の所有者に帰属する増加益を清算して課税するという譲渡所得に対す
る課税の趣旨に反することにもなり、妥当でないということになります
（東京地裁：平成14年9月6日判決、東京高裁：平成15年3月10日判決
同旨）。

　また、相続人は、限定承認の申述をするに当たって、被相続人の財産
調査を行い、価額を認識し、負担する負債を検討し、これと併せて、み
なし譲渡所得の課税標準と納付すべき税額も算定することができること
から、準確定申告の提出期限の延長については、税法上認められていま
せん。

　したがって、限定承認に係る譲渡所得に対する所得税の準確定申告の
申告期限は、死亡の日の翌日から4か月を経過した日の前日となります。
また、相続の限定承認がされた場合のみなし譲渡所得に係る所得税の法
定納期限は、相続人が、相続開始があったことを知った日の翌日から4
か月を経過した日の前日となります（東京高裁：平成15年3月10日判決）。

3．限定承認をした場合のみなし相続財産からの債務控除

　相続税は、原則として、被相続人の遺産を相続又は遺贈により取得し
た場合に課税されます。

　死亡保険金は、被保険者の死亡を保険事故とする生命保険契約に基づ

き取得するものであり相続又は遺贈により取得したものではありません。また、退職手当金が支給された場合も同様に、相続又は遺贈により取得したものではありません。

しかし、これらの財産は、相続又は遺贈により取得した財産と同様の経済的利益が保険金等取得者に生じることから、相続税法においては、これらの財産をみなし相続財産として法定化し、相続税の課税財産としているものです。

相続人が限定承認をした場合は、債務は全額承継しますが、相続によって取得した財産の限度においてのみ被相続人の債務を弁済すべき責任を負うこととなります。そこで、相続税額の計算上も、限定承認をした場合は、消極財産額が積極財産額を上回った場合においても、その債務超過額を負担する義務がないことから、みなし相続財産額が課税対象となったとしても、その債務超過額については、債務控除の対象とはならないことになります。

設 例

1　被相続人　父（令和5年3月死亡）
2　相続人　長男
3　相続財産
① 土地　2,000万円（取得費は時価を上回る）
② 現預金　4,000万円
③ 生命保険金　5,000万円（長男が受取人）
④ 債務　8,000万円（保証債務が5,000万円あり、主債務者が破産する可能性が高い）
4　限定承認　長男は限定承認の申述をし、受理された

5　相続税の計算

（単位：万円）

	限定承認（※1）	【参考】	
		単純承認（※2）	相続放棄（※3）
土地	－	2,000	－
現預金	－	4,000	－
生命保険	5,000	5,000	5,000
非課税金額	△500	△500	－
債務	－	△8,000	－
課税価格	4,500	2,500	5,000
相続税	90	－	160

（※1）　債務超過にあるため、生命保険金のみが相続税の課税価格となる。

（※2）　相続税の申告義務はないが、保証債務の弁済を求められる可能性が高い。

（※3）　相続を放棄したことで、生命保険金の非課税規定の適用を受けることができない。

4．限定承認をした場合の所得税の準確定申告と相続税の申告

(1)　所得税の準確定申告

　年の中途で死亡した者について、年初から死亡までの間に得た所得金額を基に計算した結果、納付税額が算出される場合には、その相続人は、相続開始後4か月以内に、被相続人が納付すべき所得税額について準確定申告をしなければなりません。

　被相続人からの相続について限定承認をした場合、被相続人の遺産の中に譲渡所得の基因となる資産があった場合には、その資産は相続開始の時において、時価により、被相続人から相続人に対して譲渡があったものとみなされ、これにより発生した譲渡所得についても、その年の初

めから相続開始の日までの間に被相続人が得ていた他の所得金額と合わせて被相続人に係る準確定申告をする必要があります。

　準確定申告により納付すべき所得税額が被相続人の債務に該当する結果、被相続人の他の一般債務と同様に相続財産の額を超える部分があれば、その部分は切り捨てられることになる（限定承認の効果）ので納付する必要がないことになります。

　しかし、相続をした後に生じた相続財産の値上がり益は、相続人が実際に資産を譲渡した時点で実現し、所得税が課され、その所得税は相続人の負担になりますが、譲渡代金として収入した金額自体は、相続債務の弁済に充当されることになってしまいます。

　なお、準確定申告の提出により納付すべき所得税額は、相続税額の計算上、被相続人の債務に該当することになります。

(2)　相続税の申告

　相続について限定承認をした場合であっても、相続税の課税価格の合計額が基礎控除額を超える場合には、相続税の申告をする必要があります。

　相続税の申告をする場合、相続財産の価額は相続税評価額に基づいて評価し、債務控除の額は限定承認しているので本来の相続財産の額が限度になります。

　しかし、葬式費用は相続開始時に現存する被相続人の債務ではないものの、相続開始に伴う必然的出費であり、社会通念上もいわば相続財産そのものが担っている負担ともいえることを考慮したものであることから、被相続人に係る葬式費用は、相続税の申告において相続財産から控除することができると考えます。

　また、相続財産の中に、被相続人の事業又は居住の用に供されている土地等がある場合には、限定承認している場合であっても、一定の要件

を満たす場合には、小規模宅地等の特例の適用が可能です。

　なお、相続財産清算人の職務の範囲は、相続人のために、相続人に代わって相続財産の管理及び債務の弁済に必要な一切の行為をすることとされています（民法936②）。相続税は、相続人固有の債務であって、被相続人の債務ではないことからしても、相続税の申告事務は、相続財産清算人の職務とはいえないと考えられます。

5．準確定申告における評価額と鑑定評価額が異なる場合

　準確定申告における評価額と、実際の競売価額が異なることがあります。当初申告が適正な時価で準確定申告を行ったのであれば、その後、競売で差額が生じた場合でも、当初申告を修正する必要はありません。しかし、当初申告の時価が誤っていた場合には、修正申告又は更正の請求を行うこととなります。

　仮に、相続人（長男と二男）が、不動産を時価2,000万円と評価して準確定申告をしていた場合に、その後、長男が先買権を行使して、この不動産を鑑定評価額の3,000万円で取得することになった場合には、課税関係に注意する必要があります。

　限定承認については、相続人は時価をもって不動産を取得することになります。つまり、長男と二男は、それぞれ1,000万円で取得したことになりますが、その後、長男は自己の固有の財産から3,000万円を支出して、この不動産を取得したことになります。

　この場合は、長男は二男から持分の1/2を買い受けたことになり、二男は相続後に発生した譲渡所得（3,000万円×1/2－2,000万円×1/2）として、所得税の申告が必要となってしまいます。しかし、売却代金の3,000万円は、限定承認の中で相続債権者への弁済金として使われてしまうことになり、限定承認者にとっては非常に不利益な結果となり

ます。

　そこで、このような場合には、限定承認の申述受理後において、相続財産について遺産分割協議を行い、長男がその不動産を相続した上で、長男の固有の財産から1,500万円を代償金として支払うことにすれば、二男に対して譲渡所得税が発生することにはなりません。限定承認手続をした場合でも、遺産分割が禁止される理由はありません。ただし、後日、長男がこの不動産を譲渡した場合の取得費は、2,000万円を基に計算されることになります。

　なお、この場合には、準確定申告における評価額に誤りがあったとして、所得税について修正申告を行うことも検討する余地が考えられます。

6．包括遺贈を受けた親族が限定承認した場合に居住用財産を取得したときの3,000万円特別控除

　包括受遺者は、相続人と同一の権利義務を有する（民法990）とされていますので、包括受遺者も限定承認をすることができます。

　限定承認をした場合、相続財産のうち山林所得又は譲渡所得の基因となる資産については、限定承認に係る相続が開始した時における時価で、被相続人から相続人に対して譲渡があったものとみなして譲渡所得の課税を行うこととされています（所法59①）。

　その場合、居住用財産の3,000万円の特別控除の特例の適用に当たっては、配偶者や直系血族、親族のうち生計を一にしているもの等に対する譲渡は、特例の適用対象から除外されています（措法35②一、措令20の3①、23②）。

　また、限定承認については、交換、収用、換地処分、買換えの場合のように、特例適用除外の譲渡原因には該当しないことになります（措法35②一、措通達35－1）。

　なお、譲渡（限定承認）した年の1月1日において、譲渡した家屋や敷地の所有期間がともに10年を超えているなど、一定の要件を満たすときは、長期譲渡所得の税額を通常の場合よりも低い税率で計算する軽減税率の特例の適用を受けることができます（措法31の3①）。

● **譲渡先に係る制限規定**

譲渡した相手方が次の親族、内縁関係者などではないこと	
①	譲渡者の配偶者及び直系血族
②	譲渡者と生計を一にしている親族
③	家屋の譲受け後その家屋に譲渡者と同居する親族
④	譲渡者と内縁関係にある者及びその者と生計を一にしている親族
⑤	その他譲渡者と特殊の関係のある個人又は法人

㊟　兄弟姉妹は、直系血族ではなく「傍系血族」にあたるため、生計を一にしていなければ、控除の適用が認められます。

設　例

1　**被相続人**　父（令和5年3月死亡）
2　**相続人**　長男
3　**相続財産**
　①　父の居住用不動産
　　3,000万円（時価5,000万円、10年超所有及び居住、取得費不明）
　②　債務　不明
4　**遺言書**　父は妹（父とは別生計）にすべて財産を包括して遺贈する
5　**相続放棄**　長男は相続の放棄を家庭裁判所で行い、受理された
6　**限定承認**　父の妹は、父の債務が不明であることから限定承認の申述を家庭裁判所で行い、受理された
7　**譲渡所得税**（父の準確定申告）
　①　課税長期譲渡所得金額　5,000万円－250万円（※）－3,000万円
　　（特別控除額）＝1,750万円
　　（※）　取得費不明のため概算取得費　収入金額×5%
　②　譲渡所得税　1,750万円×10%（※）＝175万円

（※） 長期譲渡所得の課税の特例（措法31の3①）により、課税長期譲渡取得金額6,000万円以下　10%

なお、父の譲渡所得金額には、住民税は課されない。

　父の妹は、父の「親族」ですが直系血族ではなく父と生計を一にしていないので、居住用財産の譲渡先に係る制限規定に抵触しません。また、限定承認は特例適用除外の譲渡原因に該当しません。

　したがって、居住用財産の包括遺贈があり、妹が限定承認をしたことによって、父がその財産を譲渡したものとみなされますが、居住用財産の3,000万円特別控除の特例の適用を受けることでき、かつ、長期譲渡所得の課税の特例の適用も受けることが可能となります。

7．限定承認により相続をした場合と法人に対して遺贈をした場合

　個人が法人に対して資産を贈与したり低額譲渡をしたりした場合には、時価により譲渡したものとして譲渡所得の課税が行われますが、次の場合においても、時価で資産の譲渡があったものとして、いわゆるみなし譲渡所得課税が行われます。

① 資産を遺贈（法人に対するものおよび限定承認をした包括遺贈に限る。）した場合

② 資産の相続（限定承認をしたものに限る。）があった場合

　譲渡所得課税は、資産を他に有償で譲渡した人に課税するのが原則ですが、法人に対して無償または著しく低い価額で資産を移転した場合には、時価により譲渡したものとみなして譲渡所得課税が行われることになっています。

　この場合の無償による資産の移転には、法人に対する贈与のほか、特定の場合の相続や遺贈が該当します。

(1)　限定承認に係る相続の場合

　限定承認に係る相続の場合には、相続の時点で被相続人に対してその所有期間の値上がり益についてみなし譲渡所得に係る所得税額を課税されることから、相続人固有の財産から譲渡所得税の負担は生じません。

(2)　限定承認に係る包括遺贈と法人に対する遺贈の場合

　遺贈には包括遺贈と特定遺贈があり、このうち個人が受遺者である包括遺贈については、みなし譲渡所得の課税は行われないのが原則です。しかし、相続人および包括受遺者の全員がその相続について限定承認をしたときは、その包括遺贈分についても被相続人に対してみなし譲渡所得課税が行われます。

　一方、特定遺贈とは、特定の物の遺贈で、遺留分の侵害さえなければ、その特定物のみを受ければよく、包括遺贈のように債務まで引き受けることはないので、個人に対する贈与の場合と同様に、個人に対する特定遺贈については、みなし譲渡所得課税は適用されません。

　ただし、それが法人に対してなされたものであるときは、包括遺贈、特定遺贈のいずれについても、みなし譲渡所得課税が行われます。

8．相続時精算課税適用者と限定承認

　相続時精算課税の適用を受け、生前贈与を受けた者（子・乙）が限定承認をした場合であっても、その後の相続（父・甲の死亡）について、相続税額の計算に影響を与えません。これは、相続を放棄した場合も同様です。

　ただし、相続時精算課税の適用を受け、生前贈与を受けた者（乙）が死亡し、その相続人（孫・丙）が限定承認をした場合は、父の相続について、相続人（丙）は被相続人（乙）から相続、遺贈又は贈与によって

取得した財産の限度においてのみ、相続時精算課税に基づく相続税の納税義務を承継することになります。

　しかし、丙は、限定承認をした段階で、乙から承継した相続財産を相続債務の弁済に充てるなど、限定承認手続を終えているはずです。その後の甲の死亡による相続について、乙から承継した財産の限度において、相続時精算課税に基づく相続税の納税義務を承継するといわれても困ることになります。この点については、限定承認手続において請求の申出をしなかった債権者として、国は、残余財産についてのみその権利を行使することができると理解することになると思われます。

9．限定承認があった場合の小規模宅地等の特例

　限定承認をした場合でも、相続税の申告が必要となることがあります。その場合、特例対象宅地等を相続した相続人等は、小規模宅地等の特例の適用を受けることができるか検討します。

　小規模宅地等の特例は、原則として相続税の申告期限までに相続人等によって分割されていない場合には適用を受けることができません（措法69の4④）。

　しかし、限定承認をした場合、相続人の相続分に応じた割合で相続登記がされることから共有状態にあると考えられます。そのため、そのままの状態では小規模宅地等の特例の適用を受けることはできません。そこで、限定承認者が先買権の行使によって共同相続人の持分を取得した場合には、分割済み不動産に該当し、一定の要件を満たすことで小規模宅地等の特例の適用を受けることができます。この場合に、相続税の申告期限までに先買権によって取得することができないときは、「申告期限後3年以内の分割見込書」を提出し、先買権によって特例対象宅地等を取得した後に、更正の請求によって小規模宅地等の特例の適用を受け

ることができます。

10. 限定承認をした後に相続財産を譲渡した行為が単純承認をしたものとみなされるか

　この事件は、限定承認により相続した不動産を債務弁済のために譲渡し、債務の額以上の価額で譲渡できたことから、限定承認に伴うみなし譲渡所得税の課税について、譲渡した不動産についてのみ譲渡所得税を課税すべきとして争った事件です。

　相続人の主張は、限定承認をした後に、共同相続人らが、相続債権者への催告もせず、また、競売によらずに相続財産を譲渡し、その譲渡代金の大部分は相続債務の弁済に充てたものの、その残りについては共同相続人らが自己のために消費した場合、「私にこれを消費した」（民法921三）ものとして、単純承認をしたものとみなされることになることなどから、限定承認があった場合のみなし譲渡所得課税は行われるべきでないとするものです。

　しかし、審判所は、限定承認の制度は、被相続人の債務等の額自体を縮減することによってではなく、相続によって得た財産の限度において当該債務等の弁済の責任を負わせることにより、相続人の保護を図ろうとするものであって、納付すべき税額の多寡は限定承認の機能とは別個のものであるとして、請求人の主張を排斥しています（国税不服審判所：平成11年11月26日裁決）。

　この裁決を不服として裁判になりましたが、東京地裁は、以下のように判示しました（東京地裁：平成13年2月27日判決、東京高裁：平成13年8月8日判決同旨、最高裁：平成14年2月12日決定同旨）。

判決の要旨は、以下のとおりです。

民法921条三号は、相続人が限定承認をした後でも、相続財産の全部又は一部を隠匿したとき、私に相続財産を消費したとき又は悪意で相続財産を財産目録中に記載しないときは、単純承認とみなすことを規定するが、この趣旨は、この各行為は、相続債権者等に対する背信的行為であって、そのような行為をした不誠実な相続人には限定承認の利益を与える必要はないとの趣旨に基づいて設けられたものと解される。

そうすると、同号の規定する「私にこれを消費」した場合に当たるためには、みだりに相続財産を消費したものといえることが必要であると解されるところ、相続人らは、本件譲渡代金221,000,000円、変額保険の解約返戻金26,878,120円及び預金等5,993,082円の合計253,871,202円をもって、被相続人に係る債務と判明した銀行借入金及び葬儀費用等の合計210,036,321円を支払い、残額を相続人らに分配したものであり、この他に弁済未了の相続債権者が存したことや売却価額が不相当であったことなどを窺わせる事情も存せず、また、相続人自身、この相続に係る相続財産は相続債務を超えるものであったというのであるから、これらの事情の下では、相続人らが、「私にこれを消費した」ものとは認められないというべきである。

また、民法937条は、限定承認をした共同相続人の一人又は数人について、同法921条一号又は三号に掲げる事由があるときは、相続債権者は、相続財産をもって弁済を受けることができなかった債権額について、その者に対し、その相続分に応じて権利を行うことができると定めるところ、そのような事由のない他の相続人が限定承認の利益を受けられないとすることは酷であること、すでに開始した清算手続が全面的に覆滅されることになると、権利関係が複雑化し、相続人、相続債権者その他の利害関係人に混乱と不測の損害を加える虞れがあること等に鑑みて、限定承認の効果を維持しつつ、その事由のある相続人についてだけ、あ

たかも単純承認があった場合と同様の責任を負わせる趣旨であるものと解され、そうすると、相続に当たっては、相続人らが全員で限定承認をする旨の申述を行い、限定承認をしたものであるから、その後、「私にこれを消費」した等の同法921条一号、三号所定の事由が生じたとしても、単純承認をしたものとみなされることはないものというべきである。

　なお、知れている債権者に対する各別の債権申出の催告を行うこと（民法927条二項、旧民法79条三項）、相続財産を競売に付して売却すること（民法932条本文）は、相続人の義務ではあるが、その懈怠は単なる手続違反にとどまり、既に行われた限定承認自体の効力に影響を及ぼすものとは解されない。

11.　明らかに資産超過の場合の限定承認と相続税

　限定承認があると、被相続人に対して譲渡所得課税が行われ、その譲渡所得税は相続債務として相続財産から控除されます（相法13）。また、翌年度の住民税は課税されません。

　そこで、明らかに資産超過の場合でも、相続開始後に相続財産である土地などを、相続人が主宰する法人へ譲渡しようと考える場合には、「限定承認」を選択すると税負担が軽減されることがあります。

　そのことを設例で検証してみます。

設　例

1　**被相続人**　父（令和5年3月死亡）
2　**相続人**　長男・長女
3　**相続財産**
　①　貸宅地
　　　3億円（定期借地権：年間賃料3,000万円、固定資産税500万円、

取得費不明）

②　その他の財産　５億円

4　遺産分割

　　長男が貸宅地とその他の財産１億円を、長女がその他の財産４億円を相続する

5　その他

　　長男は毎年の課税所得金額が高いことから、貸宅地を相続した直後に、長男が主宰する法人へ譲渡することとします。

6　相続の選択

①　単純承認によって相続する

②　限定承認によって相続する

7　貸宅地の時価と父の譲渡税（準確定申告）

①　時価　５億円

②　課税長期譲渡所得金額　５億円－（５億円×５％）＝47,500万円

　　所得税　47,500万円×15.315%≒7,275万円

　　住民税は課されない

8　相続税等の計算

（単位：万円）

	単純承認の場合		限定承認の場合	
	長男	長女	長男	長女
貸宅地	30,000	－	30,000	－
その他の財産	10,000	40,000	10,000	40,000
債務（父の譲渡税）	－	－	△7,275	－
課税価格	40,000	40,000	32,725	40,000
相続税の総額	29,500		25,862	
各人の算出税額	14,750	14,750	11,637	14,225
譲渡税（長男）	（※１）7,402	－	（※２）0	－
各人の合計税額	22,152	14,750	11,637	14,225
税額合計	36,902		（※３）33,137	

（※１）　単純承認の場合に長男が相続した貸宅地を法人へ譲渡したとき

　　　①　課税長期譲渡所得金額

　　　　　５億円－（５億円×５％）－（14,750万円×３億円÷４億円）（取得費加算）≒36,438万円

②　所得税　36,438万円×15.315％≒5,580万円
③　住民税　36,438万円× 5 ％≒1,822万円
④　税額合計（②＋③）　7,402万円
（※ 2 ）　限定承認の場合　課税長期譲渡所得金額　 5 億円－ 5 億円＝ 0 円
（※ 3 ）　7,275万円（父の譲渡税）＋25,862万円（相続税の合計額）＝33,137万円

　上記の設例の場合、長男が相続した土地を相続税額の取得費加算の特例を活用して法人へ譲渡するよりも、限定承認によって父の譲渡とすれば、父の譲渡所得税は債務として相続財産から控除され、かつ、住民税も課税されません。

　その結果、相続税と譲渡所得税の合計税額は、限定承認を選択した方が少なくなります。

　相続人の譲渡所得の計算における取得費の金額について、いわゆる単純承認により相続した財産を譲渡した場合には、取得費と取得時期を引き継いでいるものとして譲渡所得の金額の計算を行うこととなります（所法60①一、②）が、限定承認により相続した場合には、相続時点の時価で被相続人が譲渡したものとみなして値上がり益の清算を行うことから、その後に相続人が譲渡した場合には、相続時点の時価を超えて生じた値上がり益に対して課税されることとなります。

　したがって、相続人が先買権を行使して限定承認で取得した財産をその後に譲渡した場合は、その段階で新たに譲渡課税の問題が生じますが、限定承認によって相続した財産を譲渡したときにおける譲渡所得の金額の計算においては、所得税法60条 4 項の規定により、その相続人がその資産を相続した時にその時の時価で取得したものとみなして所得計算を行うこととなり、相続人において譲渡益が生ずる例は少ないと考えられます。

12. 同族法人からの借入金によって債務超過となっている場合の限定承認

　被相続人の相続財産が同族法人へ賃貸している不動産のみで、かつ、債務が同族法人からの借入金（賃貸不動産に対して抵当権を設定している）である場合に、債務超過となっているときには、限定承認によって相続することも検討に値します。

　そこで、設例で限定承認の効果を確認します。

【設例】

1　被相続人　父（令和5年3月死亡）

2　父所有の財産

①　A社へ賃貸している不動産（相続税評価額4,000万円、取得費1,000万円）のみ。

　当該不動産には、A社の抵当権（令和4年3月に8,000万円）が設定されている。

　なお、A社株式は父から相続人に生前に全株譲渡している。

②　A社からの借入金　1億円

3　限定承認があった場合のみなし譲渡課税

　賃貸している不動産は、相続開始時の時価によって譲渡したものとみなされる（所法59）。その場合の時価は5,000万円（相続税評価額÷0.8）と仮定。

　譲渡所得税：(5,000万円−1,000万円)×15.315%（所得税等）＝612.6万円

（※）　住民税は課されない。

4　債務の弁済

　国税徴収法8条は、「国税は、納税者の総財産について、この章に別段の定めがある場合を除き、すべての公課その他の債権に先だって徴収する」と定めているので、原則として、譲渡所得税は一般の債権に優先して納税する必要がある。

5　A社からの債務の切捨て

　限定承認によって、被相続人のA社からの借入金のうち、A社が回

収できない金額は切捨てられ、Ａ社の損金に算入することになる。

6　先買権の行使

　　Ａ社へ賃貸している不動産については、原則として競売に付さなければならないとされている（民法932①）が、相続人が先買権の行使によって取得することができる。この場合、家庭裁判所が選任した鑑定人による評価額を、限定承認をした者が、自分の固有財産から弁済すれば、競売を止めることができる（民法932ただし書き）。

7　賃貸している不動産にＡ社の抵当権が設定されている場合の債務の弁済

　　限定承認が行われた場合について、民法は次の手順に従って、被相続人の債務等を弁済することにしている。

　　　第一順位　優先権（先取特権や抵当権等）を有する債権者（民法929）
　　　第二順位　請求申出期間内に申し出た一般債権者及び知れたる債権者（民法930）
　　　第三順位　請求申出期間内に申し出た受遺者及び知れたる受遺者（民法931）
　　　第四順位　請求申出期間内に申し出ず、かつ知れなかった債権者及び受遺者（民法935）

　　この設例の場合、国税の法定納期限以前に設定された抵当権などで担保された債権について弁済を行う場合には、租税債務より優先して抵当権者に弁済されることになります。

　　そのため、Ａ社が抵当権を父の相続開始前に設定していることから、賃貸している不動産の譲渡代金5,000万円から優先して弁済を受けることができます。その他の債務（Ａ社からの借入金の残額及び譲渡所得税）は切捨てられることになります。

　　その結果、相続人は賃貸している不動産の取得費が相続開始日の価額に更新され、かつ、譲渡所得税も課されないことと同様の効果が生じます。

●　取得費と取得日

	単純承認の場合	限定承認の場合
取得費	被相続人の取得費を引継ぐ	相続開始日の価額に更新される
取得日	被相続人の取得の日を引継ぐ	相続開始日が取得の日とされる

13. 連帯保証債務がある場合の限定承認と相続税

　被相続人の債務が積極財産を超えていなくても、単純承認を選択すると被相続人の連帯保証人としての地位も承継することから、将来において相続人に対して保証人の責任を求められることもあります。

　そのため、被相続人が連帯保証人となっている主債務者の財務内容が悪い場合には、限定承認を選択することも検討する必要があります。その場合、譲渡所得の基因となる資産については、相続開始時の時価によって譲渡したものとみなされ被相続人に対して譲渡所得税が課されますが、連帯保証人としての弁済義務は相続財産に限定されることになります。

設　例

1　**被相続人**　父（令和5年3月死亡）
2　**相続人**　母・長女
3　**相続財産**
　①　自宅土地（330㎡）　3,000万円（鑑定価額5,000万円、取得費不明）
　②　自宅建物　500万円（鑑定価額300万円、取得費300万円）
　③　アパート土地（400㎡）　4,000万円
　④　アパート建物　2,000万円
　　アパートの土地建物の鑑定価額8,000万円、取得費4,000万円
　　父の債務はないが、A社（父の兄が経営者）の銀行借入金（15,000万円）について連帯保証をしている。なお、A社は債務超過の状態にある。
4　**限定承認と遺産分割**
　　母と長女は限定承認を選択した。また、自宅不動産は母が、アパートは長女が相続する遺産分割協議が調った。
5　**父の準確定申告**
　①　自宅土地建物（5,000万円＋300万円）－（5,000万円×5％＋300万円）＝4,750万円

②　アパート　8,000万円－4,000万円＝4,000万円
③　譲渡所得税　（4,750万円＋4,000万円）×15.315％≒1,340万円

6　先買権の行使

　母が自宅不動産を、長女がアパートを、それぞれ先買権を行使して相続税の申告期限内に取得し、母が取得した自宅土地から小規模宅地等の特例を選択することに長女も同意した。

7　相続税の計算

（単位：万円）

	限定承認		【参考】単純承認	
	母	長女	母	長女
自宅土地	3,000	－	3,000	－
アパート土地	－	4,000	－	4,000
小規模宅地等の特例	△2,400	－	△2,400	－
自宅家屋	500	－	500	－
アパート建物	－	2,000	－	2,000
譲渡所得税	△670	△670	－	－
課税価格	430	5,330	1,100	6,000
相続税の総額	156		336	
各人の算出税額	12	144	52	284
配偶者の税額軽減	△12	－	△52	－
納付税額	0	144	0	284
譲渡所得税	670	670	－	－
合計税額	1,484		284	

　この設例の場合、限定承認を選択すると、単純承認と比較して合計税額は1,200万円負担が重くなります。しかし、単純承認の場合、父の連帯保証債務について弁償を求められたときには相続財産を超える負担が強いられることになります。

　一方、限定承認を選択した場合には、相続財産の範囲内の負担で済むことになり、相続人固有の財産についてまで、債務の弁済を求められることはありません。

14. 遺言書がある場合の限定承認

　被相続人が公益法人等へ遺産の一部を遺贈する内容の遺言書が残されていた場合、限定承認を検討することも必要かもしれません。

　公益法人等が相続財産のうちの不動産の遺贈を受ける場合、原則として相続人が換金処分したうえで、現金での遺贈を希望されます。そのため、相続人の譲渡所得として課税を受けることになります。しかし、限定承認があると、被相続人の譲渡とされ、譲渡所得税は相続財産から債務控除され、かつ、住民税は課されません。

　相続税と譲渡所得税を比較して有利な選択を考慮する必要があります。

設　例

1　被相続人　父（令和5年3月死亡）

2　相続人　長男（父とは別生計で、持家あり）

3　相続財産

　①　父の居住用不動産　3,000万円（昭和58年取得、時価5,000万円、取得費1,000万円。）

　②　現預金　4,000万円

4　遺言書

　遺言執行者において、居住用不動産を換価し、換価金の中から譲渡所得税などの費用を控除した残額のうち2,500万円を、●●公益法人へ遺贈する。

　その他の財産は長男に相続させる。

5　限定承認

　長男は、家庭裁判所に限定承認を申述し受理された。

6　相続税の計算

（単位：万円）

	限定承認があった場合	【参考】限定承認がなかった場合
居住用不動産	3,000	3,000
現預金	4,000	4,000
●●公益法人へ遺贈	（注2）△1,500	（注3）△1,791
父の譲渡所得税（注1）	△613	－
課税価格	4,887	5,209
相続税の総額	143	191

（注1）　父の譲渡所得税（5,000万円－1,000万円）×15.315%≒613万円
　　　　　父の譲渡所得として所得税が課され、住民税は課されない。
（注2）　2,500万円×（3,000万円÷5,000万円）＝1,500万円
（注3）　長男の譲渡所得税（5,000万円－1,000万円）×20.315%≒813万円（取得費加算は考慮外）
　　　　　5,000万円－813万円＝4,187万円
　　　　　∴　2,500万円×（3,000万円÷4,187万円）≒1,791万円

7　長男の手残り額

　①　限定承認があった場合

　　（5,000万円－2,500万円－613万円）＋4,000万円－143万円＝<u>5,744万円</u>

　②　限定承認がなかった場合

　　（5,000万円－2,500万円－813万円）＋4,000万円－191万円＝<u>5,496万円</u>

● 限定承認に係る税法関係の主な規定

〈相続税法〉

（相続時精算課税に係る相続税の納付義務の承継等）

第21条の17

　特定贈与者の死亡以前に当該特定贈与者に係る相続時精算課税適用者が死亡した場合には、当該相続時精算課税適用者の相続人（包括受遺者を含む。以下この条及び次条において同じ。）は、当該相続時精算課税適用者が有していたこの節の規定の適用を受けていたことに伴う納税に係る権利又は義務を承継する。ただし、当該相続人のうちに当該特定贈与者がある場合には、当該特定贈与者は、当該納税に係る権利又は義務については、これを承継しない。

2　前項本文の場合において、相続時精算課税適用者の相続人が限定承認をしたときは、当該相続人は、相続により取得した財産（当該相続時精算課税適用者からの遺贈又は贈与により取得した財産を含む。）の限度においてのみ同項の納税に係る権利又は義務を承継する。

3　国税通則法第5条第2項及び第3項（相続による国税の納付義務の承継）の規定は、この条の規定により相続時精算課税適用者の相続人が有することとなる第1項の納税に係る権利又は義務について、準用する。

4　前3項の規定は、第1項の権利又は義務を承継した者が死亡した場合について、準用する。

〈相続税法基本通達〉

（限定承認をした場合の承継）

21の17-4

　法第21条の17第2項は、特定贈与者の死亡に係る相続税額の計算において算出された相続時精算課税適用者の相続税額を当該相続時精算課税

適用者の相続人が納付する場合のその限度額について規定しているものであり、当該相続時精算課税適用者に係る納付すべき相続税額の計算方法についての規定ではないことに留意する。

〈国税通則法〉

（相続による国税の納付義務の承継）

第5条

　相続（包括遺贈を含む。以下同じ。）があつた場合には、相続人（包括受遺者を含む。以下同じ。）又は民法（明治29年法律第89号）第951条（相続財産法人の成立）の法人は、その被相続人（包括遺贈者を含む。以下同じ。）に課されるべき、又はその被相続人が納付し、若しくは徴収されるべき国税（その滞納処分費を含む。次章、第3章第1節（国税の納付）、第6章（附帯税）、第7章第1節（国税の更正、決定等の期間制限）、第7章の2（国税の調査）及び第11章（犯則事件の調査及び処分）を除き、以下同じ。）を納める義務を承継する。この場合において、相続人が限定承認をしたときは、その相続人は、相続によって得た財産の限度においてのみその国税を納付する責めに任ずる。

2　前項前段の場合において、相続人が2人以上あるときは、各相続人が同項前段の規定により承継する国税の額は、同項の国税の額を民法第900条から第902条まで（法定相続分・代襲相続人の相続分・遺言による相続分の指定）の規定によるその相続分により按分して計算した額とする。

3　前項の場合において、相続人のうちに相続によって得た財産の価額が同項の規定により計算した国税の額を超える者があるときは、その相続人は、その超える価額を限度として、他の相続人が前2項の規定により承継する国税を納付する責めに任ずる。

〈国税通則法基本通達〉

限定承認　8（相続によって得た財産）

この条第1項後段の「相続によって得た財産」とは、限定承認をした相続人が、相続によって被相続人から承継した積極財産（遺贈の目的となった財産を含む。民法931条参照）をいう。

なお、相続によって得た財産から生じた果実または相続によって得た財産である株式から生じた利益配当請求権は、相続開始後に確定したものも相続によって得た財産に含まれるものとする（大正3.3.25大判、大正4.3.8大判）。

(注)　被相続人を被保険者とする生命保険金で、特定の相続人が保険金受取人に指定されているものは、相続によって得た財産とならない（昭和11.5.13大判、昭和40.2.2最高判）。

〈所得税法〉

（贈与等の場合の譲渡所得等の特例）

第59条

次に掲げる事由により居住者の有する山林（事業所得の基因となるものを除く。）又は譲渡所得の基因となる資産の移転があつた場合には、その者の山林所得の金額、譲渡所得の金額又は雑所得の金額の計算については、その事由が生じた時に、その時における価額に相当する金額により、これらの資産の譲渡があつたものとみなす。

一　贈与（法人に対するものに限る。）又は相続（限定承認に係るものに限る。）若しくは遺贈（法人に対するもの及び個人に対する包括遺贈のうち限定承認に係るものに限る。）

二　著しく低い価額の対価として政令で定める額による譲渡（法人に対するものに限る。）

2　居住者が前項に規定する資産を個人に対し同項第2号に規定する対

価の額により譲渡した場合において、当該対価の額が当該資産の譲渡に係る山林所得の金額、譲渡所得の金額又は雑所得の金額の計算上控除する必要経費又は取得費及び譲渡に要した費用の額の合計額に満たないときは、その不足額は、その山林所得の金額、譲渡所得の金額又は雑所得の金額の計算上、なかつたものとみなす。

〈所得税法施行令〉

（時価による譲渡とみなす低額譲渡の範囲）

第169条

　法第59条第1項第2号（贈与等の場合の譲渡所得等の特例）に規定する政令で定める額は、同項に規定する山林又は譲渡所得の基因となる資産の譲渡の時における価額の2分の1に満たない金額とする。

〈所得税法基本通達〉

（財産の拠出）

59−1

　法第59条第1項第1号に規定する贈与には、一般財団法人の設立を目的とする財産の拠出を含むものとする。

【参考文献】

『相続における承認・放棄の実務Q&Aと事例』雨宮則夫ほか（新日本法規）

『限定承認・相続放棄の実務と書式』相続実務研究会編（民事法研究会）

『相続の限定承認』雨宮則夫・吉利浩美（新日本法規）

『相続財産の管理と処分の実務』一般社団法人日本財産管理協会編（日本加除出版）

『限定相続の実務』弁護士五右衛門（オブアワーズ）

著者略歴

山本 和義 （やまもと　かずよし）（税理士・行政書士・CFP）

昭和27年　大阪に生まれる

昭和57年　山本和義税理士事務所開業

平成16年　山本和義税理士事務所を税理士法人FP総合研究所に改組。代表社員に就任

平成29年　税理士法人FP総合研究所を次世代へ事業承継し、新たに税理士法人ファミリィ設立。代表社員に就任

主な著書

『相続財産がないことの確認』（共著：TKC出版）

『遺産分割と相続発生後の対策』（共著：大蔵財務協会）

『生命保険の基礎知識と活用法』（共著：大蔵財務協会）

『タイムリミットで考える相続税対策実践ハンドブック』（清文社）

『立場で異なる自社株評価と相続対策』（清文社）

『上場株式等の相続と有利な物納選択』（共著：清文社）

『特例事業承継税制の活用実務ガイド』（実務出版）

『専門家としての遺言書作成、生前贈与、不動産管理法人、生命保険の活用による税務実務』（大蔵財務協会）

『相続実務に影響のある税法以外の改正のポイント』（大蔵財務協会）

『税理士が知っておきたい　相続発生後でもできる相続対策』（新日本法規）

『遺産整理業務実戦ガイド』（共著：清文社）

～相続発生後の3つの対応策～
―単純承認・相続放棄・限定承認の
選択のポイントと活用法―

令和5年10月6日　初版印刷
令和5年10月23日　初版発行

不　許
複　製

著　者　　山　本　和　義

（一財）大蔵財務協会　理事長
発行者　　木　村　幸　俊

発行所　　一般財団法人　大　蔵　財　務　協　会
〔郵便番号　130-8585〕
東京都墨田区東駒形1丁目14番1号
（販　売　部）TEL03（3829）4141・FAX03（3829）4001
（出版編集部）TEL03（3829）4142・FAX03（3829）4005
https://www.zaikyo.or.jp

乱丁・落丁はお取替えいたします。　　　　　　　　印刷　恵友社
ISBN978-4-7547-3145-8